存在肯定の倫理Ⅱ

生ける現実への還帰

後藤雄太 著
GOTO Yuta

ナカニシヤ出版

序

本書は、二〇一七年に刊行した『存在肯定の倫理Ⅰ　ニヒリズムからの問い』（ナカニシヤ出版）の続編に当たる。しかし、前巻とは内容的に独立しているので、前巻の通読を前提とはしていない（ただし、もし可能ならば前巻も読んでいただければ、本書の理解も深まるかとは思う。前巻において参照すべき箇所を、注の中でなるべく指示するようにしてある）。

また、本書の各章も、それぞれ独立性を保っているので、どの章から読んでいただいてもかまわない（ただし、これももし可能ならば通読していただければ、理解が深まるかとは思う。他章の参照すべき箇所を、本文の中でなるべく指示するようにしてある）。

本書ならびに本書の各章に独立性を持たせるため、前巻と本巻、あるいは本書の各章のあいだに重複した記述もあるが、御容赦されたい。

前巻が思想的・基礎的考察を中心にしているのに対して、本書は、現実社会で起こっている諸問題を取り扱った、いわゆる「応用倫理学」に分類される論考を収めたものである。

本書は、全五部から成る。

【第Ⅰ部】では、生命倫理学・医療倫理学的な問題、特に「死」に関する問題を取り上げる。誰もが避けられない死に対して、どう向き合い、どう肯定していくかを探究する。

【第Ⅱ部】では、引き続き生命倫理学・医療倫理学的な問題を取り上げる。特に「誕生」に関わる問題を考察するが、具体的には、人工妊娠中絶の問題を中心に、優生思想の問題も交えながら、私たちが〈生まれ来ること〉をどう肯定できるか探究する。

【第Ⅲ部】では、教育倫理学的な問題を取り上げる。具体的には、スクールカーストやいじめ、不登校、自殺などの問題を考察する。これらの問題に見受けられように、青少年の存在を否定し、その成長の力を圧殺してしまうような社会状況にあると思われる昨今であるが、そうした中にあって、青少年たちが成長していくこと、変貌していくことを肯定していく道を探る。

【第Ⅳ部】では、情報倫理学的・技術倫理学的な問題を取り上げる。特にインターネットとスマートフォンが関わり合っている問題を中心に考察する。ネットを通した人間関係が、現代人の存在肯定の〈拠り所〉の一つになっているように思われるが、そうした傾向の危険性を指摘したうえで、科学技術文明における存在肯定の問題を考究している。

最後の【第Ⅴ部】では、倫理に関する「理論家」ではなく、倫理の「実践者」たち——具体的には、マハトマ・ガンディー、ティク・ナット・ハン、宮沢賢治の三名の思想と生き様から、現代において必要とされる「生きられた倫理」の在り方を読み取り、存在肯定の倫理を具体化することを試みる。そこでキーワードの一つとなってくるのは、実践＝行《ぎょう》（practice）という言葉である。すなわち、倫理とは、単なるルールやガイドラインではなく、そこには「自己へのケア（配慮）」や「自己の修練」といった、自己へと立ち還っていく「行」が伴わなければならないということを示していく。

本書のように現実社会における具体的諸問題を扱った書物は、一般的には「耐用年数」が短くなりがちである（現に、本書を執筆中も、扱うデータ等はどんどん更新され、古くなっていった）。

こうした運命は避けられないことを覚悟しつつも、そうした表面的な部分の変化を超えて、本書の「底」には、ある程度は持続し、ある程度は広く人々に共有しうるような根本問題が潜んでいると信じたい。なぜならば、現実において生きられた具体的な事柄の一つ一つにこそ、真実は満ちているからである。

私たちの業界も、科学的方法の誘惑に屈し、「客観性」「普遍性」を標榜する論考が中心となっている。現実の社会や人生の中で悩み、苦しんだ具体的経験をそこに反映させることは「主観的」と非難され、御法度とされる。しかし、実存的な経験にまったく根づいていないような「客観的」で「普遍的」な論考は、皮肉なことに、誰の心にも届くことはなく、しかも結局のところは「業績づくり」や「知的なホビー」という「私的な」利益にしかなっていないこともしばしば見受けられる。

一方、実存的な経験に根づいた論考は、数こそ多くないかもしれないが、ある程度の数の人々の心に響き、その奥底へと何かを投げかける可能性を有している。なぜなら、それは決して単に「主観的」なものではないからである。すなわち、本書中（特に第10章）でも言及しているように、私たち一人ひとりが人生の中で抱えざるをえなかった悩み・苦しみというものは、この現実の社会や世界のありようをも反映したものであり、その意味でリアルなものだからである（逆に、「客観的」で「普遍的」な論考は、多くの場合、観念の世界に内閉し、現実の社会や世界のありようをそれほど反映していない）。

本書が、以上の意味において「主観的」で、この生ける現実の真実をいくらか宿し、読者の方々に何事か――それが共感であれ、反感であれ――をもたらしてくれるような論考であってくれていることを願う。

目次

【第Ⅰ部】死に逝くことの肯定

――生命・医療倫理学的探究（1）

終わりは　はじまり
――佐野元春「グッドバイからはじめよう」

第1章　死の知らせを聴く
——がん告知の問題・再考

二十世紀後半のアメリカにて、医療におけるパターナリズムが批判され、「患者の権利」や「インフォームド・コンセント」の理念が普及していくのに伴い、がん告知も当たり前のように為されるようになっていった。その影響のもと、日本においても、二〇〇〇年代には、がん告知をすることは当然のことになった。そして二〇二一年現在、「がん告知の是非」は、すでに決着済みの古い問題として考えられている[1]。

しかし、本章では、決着済みとされているがん告知の是非の問題を敢えて「蒸し返し」、「告知を望まない選択」の擁護を試みてみたいと思う。なぜならば、告知に対して消極的であり続けてきたかつての伝統にも、それなりの正当性があったと思われるからであり、がん告知の問題に限らず、生命・人生の問題に関して、個人の「知る権利」や「自己決定権」といった「権利」のみを振りかざして一律に解決していこうとする最近の風潮には、いささか危惧の念を抱いているからである（これは、本書全体を貫いている問題意識の一つでもある）。

また何より、昨今遺伝子診断の技術が発展し、実用段階に入りつつあるが、今後は、「遺伝情報の告知」、特に「不治の病の告知」の問題が社会問題となってくると予想される[2]。その時、「私たちはすべての情報を知るべきだ」と簡単に結論付けられるだろうか？　もしかしたら、そうした医療技術とは、ある程度の〈距離〉を取る、という選択肢も検討しなければならない時が来ているのかもしれない。それゆえ、すでに「決着済み」と思いこまれてきた「がん告知」の問題も、いま改めて考え直してみる意義があるように思う。

告知を当然とする現在の風潮を盲目的・一方的に受け入れるのではなく、もっと批判的・多角的な検討が多くなされてもいいように思う。本章では、そうした検討の試みの一環として、将来患者になることもありうるであろう、そして確実に死を迎えるであろう「ひとりの人間」としての立場から（筆者は医療従事者ではない）、死に対する一つの態度、心構えを考究してみたい。

なお、本稿における「がん告知」は、基本的には「末期がんの告知」を意味することを断わっておきたい。周知のように、昔に比べれば、治せるがんも増えてきており、治癒の可能性が高い場合さえ徒に病名を隠すことは、治療の妨げになる恐れがあるからである。

1　がん告知をめぐる現在の傾向から見る「死の受容のかたち」

さて、「告知を望まない選択」の擁護をしていく際に注目したいのは、「死の受容」の在り方の諸相についてである。

数多く出版されてきた「闘病記」を紐解くと見受けられるように、多くの患者は、自分の生命の行く末を告知され、はっきりと「意識」したうえで、「目標‐終末（end）」に向けて人生を完成させようと懸命に生きる。そうした生き方（死に方）をした患者の先駆的な例として、一九八七年にがんで亡くなったジャーナリストの千葉敦子が挙げられる。彼女は、自らの積極的ながん闘病のレポートを数多く発表しているが、その著書の中でも、特に『よく死ぬことは、よく生きることだ』（文藝春秋）は、日本の医療関係者に多大な影響を与えた。

彼女は、病気の初期の段階からがんという病名を知り、三度にわたる再発にもかかわらず、様々な苦しい副作用を伴う治療にたった一人で耐え続けた（彼女は生涯独身を通した）。さらには自分の闘病体験を精力的に書き記し、各地を講演してまわった。そして一方では、遺言や葬式など、自分の死後の準備も忘れない。日本の医療現場の閉鎖性に不満を持つと、さっさとニューヨークへと単身引っ越してしまうその姿は、まさにエネルギッシュというほかない。そこには、死へと先駆けたうえで、残された時間を決して無駄にすることなう充実させようという強靱な意志が感じとれる。

ここに見られる「死の受容のかたち」。それは、強い意志の力で死の恐怖を克服することであり、「闘病」という言葉が示すように、まさに獅子のごとく病と「闘う」生き方である。そして、そこでのコミュニケーションの理想は、アメリカの医療への礼賛からもうかがえるように、「医師（あるいは家族）は真実を告げ、患者は真実を知り、共に病気と闘い、嘘をつかず、ごまかさない」ということである。

2　死期を「知る」ということ、〈察する〉ということ

確かに、千葉のような強い生き方（死に方）は称賛に値する。かけがえのない「ひとりの人間」の生き様に対して尊敬の念を覚える。しかし一方で、率直に言えば、そうした生き方（死に方）には、何か「不自然さ」みたいなものも感じざるをえない[3]。

千葉のような事例に見られる「死の受容」において、自己の死期を「知る」ということは、「はっきりと意識化して把握する」ということである。「言語化する」といってもよい。そのうえで計画的に人生を過ごそうとす

るわけである。

しかし自己の生命に関する「知」の在り方には、それとは異なるレベルのものもあるように思う。他人から言葉による明確な告知などされなくとも、人間は自分の生命が朽ち果てていくのを、じわじわと身体で実感していくことによって、〈死期を悟る〉ものではないだろうか。いや、〈悟る〉などと言うと高尚に聞こえてしまうかもしれないから、〈察する〉と表現したほうがよいかもしれない。つまり、ことさら他人から言語化・数量化された「情報」として知らされなくとも、ひとは自分の身体の崩壊から死期を感得しうる存在者ではないかということである。

あるいは周囲の親しい者とのやり取り、曖昧な非言語的コミュニケーションを通して徐々に自らの死を察していくこともあるかもしれない。こうした周りの親しい人たちが自分の生命にどのような態度で関わっているかということをも含めて、「自分の生命の気配を察する」ということがあるのではないだろうか。

積極的告知派の啓蒙的な立場（日本においては、アルフォンス・デーケンの立場を典型とするような）からしてみれば、こうした曖昧さは、「嘘」であり「ごまかし」であり、要するに「真実の隠蔽」にすぎないのかもしれない（ちなみに、ドイツ語の「告知」（Aufklärung）という単語は、同時に「啓蒙」も意味する）。そして、真実の隠蔽に基づいたコミュニケーションなどは、偽のコミュニケーションであり、真の信頼関係とは呼べないのであろう。

しかし、そもそも、そこで知られるべき「真実」とは何であろうか。「真実」とは、対象化・言語化されたもの、知によって把握されるもののことだけを言うのだろうか。またコミュニケーションにしても、「言語レベルでの情報の共有」のことだけを言うのではないはずである。たしかに、そこでは「情報伝達」という意味でのコミュニケーションは成り立っていない状況なのかもしれないが、むしろコミュニケーションにおいては、非言語的な曖昧なレベルのほうがより根底的なものだとも言える。ある意味では、そうしたより根底的な「信頼関係」が今や損なわれているからこそ、殊更に言語化して情報として明瞭にしておかなければ互いにうまくやっていけないようになってしまった、という側面もあるのではないだろうか。とにかく、告知に対して消極的な立場に対して、啓蒙的な立場から「ごまかし」だとか「化かし合い」だとか「信頼関係の欠如」と性急に批判してしまうのではなく、死生をめぐっての「真実」や「コミュニケーション」や「信頼」のあり方の相違にもう少し配慮する必要があるように思われる。

　青年座の俳優・大塚國夫夫人の京子氏は、末期がんの夫に最後まで告知をしない選択をした一人である。彼女は夫との関係をこう回顧している。

> お父さん〔＝國夫氏〕の方も、（ガンだと）気がついたなと思った後は、一言も言いませんでした。まだ口がきける時でも、「僕はガンじゃないか」という話は一切しませんでしたしね。彼のやさしさからでしょう。最後まで、お互いにガンには触れないで（主人は）亡くなっていったんですね。(4)

積極的告知派の啓蒙的な立場から見れば、こういった関係こそまさに「化かし合い」の好例なのかもしれない。しかし、この夫婦のあいだには、独特のコミュニケーション、独特の信頼関係が成立していることにも注意を払わなくてはならない。こうした類の事例においては、お互いに、病名や死期を言語化・数量化することによって、わざわざ生きられた微妙な関係性を壊してしまう必然性など何処にもないと感じているのではないか。医学的・客観的な情報など、結局は二人が積み重ねてきた関係性に何も付け加えない。ただ二人で築き上げてきた濃やかな空間性のほうに信頼を寄せ、二人のあいだを流れていく時間に身を委ねる、そういった信頼関係のあり方もあるのではないか。そして、そうした在り方もまた、人生の〈真実〉であるのではないか。この夫婦は、夫がまだ元気だった頃には、がんになった場合お互いに告知し合うとあらかじめ「決めていた」にもかかわらず、妻は結局告知をしなかった。私たちは、そのことに対して「妻は約束を破った」「嘘をついた」と非難してみせることもできるかもしれないが、むしろ、現実にがんを患うという状況に陥ってしまった場合、少なからぬ日本人は最終的には、「理念」よりも〈現に生きられている関係性〉のほうに強く規定されるものであるということも読み取るべきである。

　自らの死期を明瞭な知のレベルで「情報」として把握していなければ生死の問題を隠蔽していることになる、というわけではないはずである。曖昧な知による死への対処の仕方も、それはそれで、一つの身の処し方ではないだろうか。私には、意識化・言語化された知よりも、身体・無意識レベルでの曖昧な知とコミュニケーションをこそ、むしろ信頼したい気持ちがある。

　私の見方からすると、積極的告知派の前提にあるのは死への過剰なまでの意識である。つまり死という本来対象化し得ないものを対象化し、手なずけ、コントロール可能なものにして安心しようとする強迫観念、近代人特有の意識至上主義を感じるのである。「デス・エデュケーション（死の準備教育）」という概念は、その典型と言えよう。それは、受け入れ態勢、こころの準備のないまま死を迎える人が多いことを不幸なこととし、「何の心構えもないまま死に向かわせるのは、社会の態度として、残酷[5]」だと嘆き、「よき死」は、準備教育あってこそ可能になると説く。しかし、こうした「死を自覚し、準備しよう」という風潮には、むしろ直観・身体レベルでの死の感受の欠落ゆえに反動的に形成されてしまった「観念性」を感じてしまう。

　昔ならば、デス・エデュケーションなど施すまでもなく、身近な親しい人の死の看取りを通して死というものを嫌でも身体で「実感」し学んでいかなければならなかったと思われる。すなわち、三世代・四世代家族が当たり前で、看取りの場が主に家だった時代ならば、祖父母が老い、病み、死んでいくリアルな姿を目の当たりにできた。しかも、平均寿命が短かったため、子どもは比較的早い段階で、そうした経験をしなくてはならなかったはずである。臨終の時には、家族や親族、親しい人たちが家に集まって、時には苦しみながら、時には穏やかに死んでいく親しい者の姿を見守る。そして、例えば遺体を清めるなどの死の儀式の際に、朽ち果てた肉体というものに直に触れることになる。むろん「死とは〜である」などと知的レベルで定義することはできないだろうが、それでも、朽ち果てた肉体やそれを取り囲む肉親たちの態度から、死というものの厳粛さ、計り難さ、恐ろしさ（あるいは恐ろしくなさ）等に関するある種の了解が形作られてきたはずである。いわば、死とは本来、無意識レベル・身体レベルで知られるものだったのである。

核家族化が進行したうえ、一九七六年に「病院死」する人の数が家で亡くなる人の数を上回り、現在では、約八割の人は、病院で亡くなっている。現代社会では、かなりの年齢を重ねても、人の死に目に会ったことのない人も少なくないと思われる。また、遺体を目にする機会も、葬式できれいにメイクされた遺体を目にする程度であろう。このように死が私たちにとって疎遠なものになってしまったため、死について無理に意識化・言語化しようとする過剰な意志が働いているようにも思える。しかし、そのように明確に意識し、「準備」を試みたところで、その恐怖を飼い慣らし克服できるほど死は従順であろうか。そもそも「死を学ぶこと」など本当にできるのだろうか（だからといって、現代においてデス・エデュケーションが不要であるとは決して思わない。おそらくそこでは「死の飼い慣らし」を目指すのではなく、人間の有限性を自覚することによって、死の不可思議さ、そしてこの生の不可思議さをこそ学ぶべきなのである。このことについては、第2章も参照）。

冒頭に述べたように、昔に比べれば治るがんも増えてきているので、治癒率が高い場合にまで「病名」を徒に隠す必要はないにしても、「余命」の告知は、ほとんどの場合必要ないのではないか。

そもそも考えてみれば、いまほど医学の進歩していなかった頃は、人の死期など簡単に予測しようがなかったはずである（今でも、高精度で余命の予想ができるのは、せいぜい余命一〜二か月になってからのようである）。ところが現在では、大した自覚症状もなく生活している人が「あなたの余命は、あと一年ほどです」と宣告される事態もありえないことではない。これにも、やはり何か「不自然さ」を感じてしまう。宗教学者の山折哲雄は、吉本隆明との対談で、こう述べている。

> たとえば、列車が走っていて停車駅が近くなる。運転手が急ブレーキをかけて、列車がスーッと徐行していってやがて停車する。その場合、急ブレーキをかける時点がおそらく告知の時点なんですね。ターミナルに到達するまでの列車の自然の流れが、そこで一遍ガクンとストップするわけですね。私は、生命の流れがそこで切断されるという感じがします。やはり生命を一つの流れとして考えた場合、徐々にゆっくりと走っていって最後に自然に止まるというイメージをもちます。[6]

山折の〈生命の流れ〉という表現を借りて言えば、死とはその〈生命の流れ〉が少しずつスピードを弱め、衰え、そして停止するプロセスと言える。そうすると、言葉によって「告知」するということは、その自然な〈生命の流れ〉を人為的に急停止させてしまうことになる。

死ぬのは、あくまで〈この私〉自身である。そして、その私の死によって明らかにその存在の一部が死ぬことになるであろう〈親しい他者〉たちである。その私と親しい他者が共有する〈生命の流れ〉に、どうして第三者である医師の宣告する客観的な知によって「急ブレーキ」をかけられ、全面的にイニシアチブを譲渡してしまう必要などあるだろうか。

もちろん、最期まで〈察知〉や〈悟り〉が訪れないことも、むしろ多いのかもしれない。しかし、それはそれで、「自分の生命の流れのペースなのだからやむを得ない」と納得することもできないだろうか。そもそも死は、本来ならば、突然死の場合のように、何の〈察知〉さえもなく訪れても何の不思議もないはずである。「美しい死を迎える」だとか「残された日々を充実させて生きよう」という類の言葉は、もちろん理解はできるが、一方でどこか死という圧倒的に〈異他的なもの〉〈非知なるもの〉への畏れの無さ、生命の有限性・はかなさに対する自覚の欠如も感じてしまう。

もし「告知」がなされる場合でも、患者とその周囲の親しい人たちが共有する〈生命の流れ〉を無視したような機械的な告知は避けるべきである。すなわち、医師や看護師も可能な限りその〈生命の流れ〉に参入しつつ、告知の時期や仕方を探っていくような姿勢が必要である。おそらく、真の意味での「インフォームド・コンセント」の原点は、こういった姿勢にこそあるのではないだろうか。しかし、現在の医療現場では、「インフォームド・コンセント」や「がん告知」は、結局のところ、単なる訴訟回避のための自己防衛的で機械的な行為になってしまっている。

3　もうひとつの〈死の受容のかたち〉

先に述べたように、告知を望む人は、自分の生命の限界を告知され、意識化した上で、「目標－終末（end）」に向けて人生を完成させようとする傾向がある。そして、あたかもそうした人生のみを価値あるものとするような言説も少なからず見受けられる。

しかし、計画どおりに生きて死んでいく人生のみが、本当に「よい人生」と言えるのだろうか。

告知を望む人たちが計画どおりに生きよう（死のう）とする背景には、まず身近なところで言えば、財産の整理や子どもの将来のことなど、遺されることになる人たちへの配慮があるのだろう。もちろんこうした配慮は、純粋な善意に基づくものであり、それ自体を否定する気はまったくない。ただ、もう少し大らかな心構えでいることも可能ではないか。たとえば、「別に俺が突然くたばったところで、遺された者は何とかやってってくれるだろう」「この子は何とか強く生きていってくれるだろう。だって私の子なのだから」などというように。もし自分が本当に大切に思っている人たちであるならば、それぐらい信頼し、任せてしまってもいいのではないか。何もかもすべてひとりで抱えてしまうことはないし、抱えきれるものではない。「そもそも人生の整理や人間の生死のコントロールなど、できなくて当然だ」と、私たちはどこかで観念しておいたほうがいいのではないか。遺された者たちの側にしても、病人にあまりきれいに身辺を整理されて死なれると、かえってやり切れなさを覚えてしまうケースもあるようである（それは、死んでいった者の人生があまりにも「自己完結」してしまっていることから来る寂しさみたいなものだろう）。「立つ鳥跡を濁さず」とは言うが、あまりきれいに死なれるよりは、少しくらい跡を濁しておいてくれたほうが、残された者は気が紛れることもあるようである。

　また、例えば芸術家や学者などのインテリが告知を望む背景には、自らの仕事や作品を完成させたいという思いがあるのだろう。そこには「自らの肉体は滅んでも、その成し遂げた仕事によって自らを永遠化しよう」という願望が感じられる。そうした生き方（死に方）の記録は、書籍やテレビ番組などで好んで取り上げられ、一般の人々の感動を誘っている。しかし、そうした生き方（死に方）自体を否定する意図はまったくないが、率直に言えば、唯一の理想的なものとして強く執着するほどの生き方（死に方）とも思えない。そうして達成された仕事や作品さえも、この宇宙においては人間など芥子粒《けしつぶ》のような存在者にすぎないという観点、すなわち〈存在の無性〉〈存在の深淵（Abgrund 無根拠・無底）〉という観点から見たら、「とるに足らないこと」とも言える。これをネガティヴな発言だと感じる向きもあるかもしれない。しかし、このことを積極的に言い換えれば、人生・生命に対する〈無条件の肯定〉ということであり、「見返りを求めないこと」とも言える。すなわち「何かが達成できたから」「何か価値があるから」自分の存在を肯定するというのでは、本当に肯定したことにはならない。この人生を愛したことにはならない。

何の意味も根拠もなく、たまたま在らしめられた自分の人生を受容できるかどうか、歓びとすることができるかどうか？　私たちは病や老い、そして死という人生の苦悩に向き合うとき、そういう問いの前に立たされるのではないか。たとえ何も達成できなくても、何も遺せなくても、うまく生きられなくても、うまく死ねなくても、そうした自分の存在を許してやるわけにはいかないだろうか。そうすれば、他者のこともまた許せるのではないだろうか。

真の寛容の起源とは、こうした〈存在の無性〉〈存在の深淵〉の自覚から生じた「許し」の感覚にしかないのではなかろうか。それは、諸個人に「権利」があるという理由からでなく、偶然に生を受け死んでいくその存在者の存在そのもののはかなさ、またそれゆえの〈かけがえなさ〉ゆえに慈しむ感覚である。九鬼周造は、存在の偶然性の自覚が倫理の問題に深くつながっていることを説いている。

> 偶然性の問題が、法則の必然を追求する科学にとって無価値なると同様に、範を科学に借る倫理説にとっても偶然を容許する場所なきは当然なり。然れども現実に生きんとする道徳にとっては、偶然性をして真に偶然性たらしめることが正に至要の課題なり。[7]

すなわち、九鬼は、必然性に基づく「当為」（「範を科学に借る倫理説」）ではなく、あくまで偶然性に基づく

「独立なる二元の邂逅」すなわち本来出会うはずのないものが〈今ここ〉でたまたま「出逢う」という事実のうちにこそ、生ける現実に根づくモラルの源泉を見出すのである。[8] こうした九鬼の倫理観は、その情緒論のうちにも反映されている。九鬼によれば、「哀れ」とは自己の有限性に対する感情のことであり、「憐み」とは万物の有限性に対する感情のことである。この「憐み」は、本質的に「労り」や「優しさ」と同じものだと九鬼は言う。そしてさらに、自己の有限性に対する感情である「哀れ」と、万物の有限性に対する「憐み」が一つになったとき、〈もののあはれ〉という感情がおのずと湧いてくると九鬼は説くのである。

> 「もののあはれ」とは、万物の有限性からおのづから湧いて来る自己内奥の哀調に外ならない。〔…〕「あはれ」の「あ」も「はれ」も共に感動詞であるが、自己が他者の有限性に向って、また他者を通して自己自身の有限性に向って、「あ」と呼びかけ、「はれ」と呼びかけるのである。[9]

自己をも含む万物の有限性、はかなさへの、独特の哀惜の感情、「労り」や「優しさ」という感情、それが〈もののあはれ〉なのである。存在の有限性に対する深い悲哀と慈しみは、単純に切り離すことはできないのだ。この情緒は、出逢いの中に別れを、生の中に死を、要するに万物の中に無を透かし見ているのである。そうした万物の有限性を深く受容したとき、むしろ自己と他者は他なるがままにつながっていくという逆説がそこにはある。[10] こうした〈無からの視点〉は、アメリカ由来の「バイオエシックス」に決定的に欠けている視点でもある。

九鬼の存在観・死生観からは、不可思議な存在を不可思議なままに肯定し、生死という定義され得ぬもの・圧倒的に異他的なものを、そのままに受け容れる態度が読みとれる。それは、ただ無意味・無価値＝無償で与えられた生命を無償のままに返していこうとする態度であり、人間の判断やコントロールを拒むものに開かれて在ることである。

以上のような見方は、下手をすると「人間の死の序列化」にもつながりかねない現代的な死生観を解毒するためにも重要であろう。そこには「個人の自律」だとか「自己決定権」などという個人主義的観点からはもはや捉えられない領域が開示されている。精神科医の神谷美恵子もこう述べている。

> 要するに自己とか自我とかいっても、そもそも自分からこの世に生まれてきたわけでもなく、いわば「存在させられたもの」にすぎない。それはちょうど、花やけものや天体とまったく同じように「存在させられている」にすぎないのだから、究極的には「存在させたもの」の前に、草木や星のように、素直に存在するほかはないと思う[11]。

こうした神谷の存在観・人生観は、良寛の有名な歌を思い起こさせる。この歌は、ある人が良寛に形見の品を求めた歌に対する御かへしの歌である。

> 形見とて何かのこさむ春は花夏ほととぎす秋はもみじ葉[12]

良寛には、形見として、自己の所有物や業績、作品などといった特別なものを遺す必要などなかった。「花」や「ほととぎす」「もみじ葉」をはじめとする、この世界の万物の内に、彼は映現し、宿っているのだから[13]、この世界のあるがままの〈存在そのもの〉が、彼の形見であり、最高の贈与だったのだ。ここには、良寛における深い存在肯定の感覚と、「はからい」から解き放たれた清々しい境涯が感じ取れる。

人生は必ずしも計画どおりいかなくてもよい。やりのこしたことが少しくらいあってもよい。そもそも、私たちは、計画を立てたり準備をしたり苦悩したりする時間的余裕さえもなく突然死んでしまう可能性だって大きいのだ。末期の患者さえ例外ではない。余命半年のはずが、今日何らかの事故にあって死んでしまうかもしれない。死とは本来、それほどまでに不条理で予測不可能なもののはずである。

自分の生の行く末について言語化・意識化し、確固とした情報として把握し準備しなければ、よき生・よき死は不可能だというわけではないはずだ。無意識・身体レベルの知よりも、科学技術の力に基づく不自然な知を信頼することによって将来を先取りし〈今ここ〉に与えられた生を過剰なまでに規定してしまう必要など本当にあるのだろうか。現代人は将来を先取りして知ることによって、いったい何を欲しているのだろう。遺伝子診断などの科学技術によって、何を手にしようとしているのだろう。その神経症的な願望は、死への不安を少しでも解消しようとしているのかもしれないが、残念ながらその不安はかえって増しこそすれ、決して解消されることはないだろう。

もう少しゆったりとした心持ちで一日一日を生きるわけにはいかないだろうか。明確な知と強靱な意志による「死の受容」ではない、そんな〈死の受容のかたち〉もあるのではないか[14]。

4　医療技術から、一歩〈距離〉をとる

私たち現代人は、やはり医学的な「ものの見方」に対しての信頼や依存心を過度に抱きすぎているのではないだろうか。医学的診断の結果、自分の肉体に「がん」と呼ばれるものが確かに存在するとしても、ほかならぬ〈現に今ここに生きて在る私〉が、どうして「がん患者」とか「病人」などというカテゴリーで全面的に存在規

定されなければいけないのだろうか。医学的な「ものの見方」の限界をわきまえておけば、殊更に「がん患者である」ということに自分のアイデンティティを置いてしまう必要もないし、周りの人間も腫れ物に触るみたいに患者を扱う必要もない（逆に、英雄のごとく祭り上げる必要もない）。医学的知が強いてくる不自然なまでに過剰な不安や医療技術が強いてくる喧噪から、私たち現代人は、ある程度の〈距離〉を置いて、自分の人生をもう少し自由にできるのではないだろうか（科学技術の問題は、【第Ⅳ部】にて改めて論究する）。私たちは、少々余計な荷物を背負いすぎているのではないか。

「がん患者」「病人」であるのは、せいぜい医師の前だけで十分である。基本的には、自分の日々の生活、自分の素朴な身体感覚、自分の〈生命の流れ〉を大切にしていけばよいのではないか。

私たちはつい「がん」をはじめとする病気を実体化し、あたかも自分の外部から襲いかかってくるエイリアンのごとく思ってしまいがちである。そして、そのことによって、死というものを過剰に恐ろしいもの、本来あってはならぬことのように感じてしまう。しかしこの私にとってあるのは、ただ「人生の下り坂を下っていく[15]」こと、すなわちこの生命が刻々死んでいる自然の流れだけではないだろうか。

人間はがんになったから死ぬのではない。究極的には、人間は、生きているから死ぬのである。がんなどの病気に限らず、災害や事故さえも、あくまで死の「きっかけ」にすぎない。医学による「がんの完全克服」を目指すのも大切なことかもしれないが、あまり過剰に期待するのはやめて、日々の生活における等身大の死生観の中で、生命の有限性・はかなさの感覚を深め、根づかせていくことが、今の私たちにとって本当に大切なことのように思える。

（1）例えば、二〇一七年に横浜市立大学附属病院で配布されたがん告知マニュアルは、本人への告知を原則とし、本人が告知を望んでいないケースをあくまでも「特殊な状況」とみなし、そうしたケースでは患者の不安を軽減することによって事実を受容する方向にもっていくことが望ましいとしている（佐藤美紀子・畑千秋・吉見明香ほか「横浜市立大学附属病院がん告知マニュアル」『横浜医学』六八巻四号、二〇一七年参照）。

（2）例えば、近年の日本におけるがんゲノムリスクの告知の現状と課題については、武藤倫弘・曽和義広・藤井元「日本におけるがんゲノムリスク告知の現状と課題」『日中医学』三五巻三号、二〇二〇年参照。

（3）念のために断わっておくが、千葉敦子氏個人への攻撃・非難の意図はまったくない。この論考における批判は、あくまでもそうした生き方だけを一律によしとし、無批判に賛美し、自己の生き方（死に方）を真摯に問おうとしない風潮に向けられている。

（4）山内喜美子『告知せず――ガンで夫との愛の深さを知った妻たちの四季』文春文庫、一九九四年、九〇頁。〔　〕は引用著補足。

（5）A・デーケン「死の準備教育の意義・生涯教育として捉える」（A・デーケン／メヂカルフレンド社編集部編『死を教える』メヂカルフレンド社　一九八六年所収）三頁。

（6）山折哲雄・吉本隆明・河合隼雄・押田成人『思想としての死の準備』三輪書店、一九九三年、七九頁。

（7）九鬼周造「偶然性（博士論文）」（『九鬼周造全集』第二巻、岩波書店、一九八〇年所収）、三二一頁。

（8）九鬼の偶然論については、『存在肯定の倫理Ⅰ』第七章も参照されたい。

（9）九鬼周造「情緒の系図」（『九鬼周造全集』第四巻、岩波書店、一九八一年所収）、二〇二頁。

（10）九鬼の情緒論については、『存在肯定の倫理Ⅰ』第一二章四節も参照されたい。

（11）神谷美恵子『人間をみつめて』朝日新聞社、一九七四年、一〇四頁。

（12）『良寛歌集』（吉野秀雄校注）平凡社、一九九二年、二〇七頁。

（13）こうした存在観については、『存在肯定の倫理Ⅰ』第八章三節も参照されたい。

（14）積極的告知派は、啓蒙的な立場から、日本人は確固たる死生観を持っていないために告知が進まないのだと非難していた。しかし、日本人の深層意識には、以上のような死生観が大なり小なり存在していた（いる）のではないだろうか。このことは、日本人が一見無宗教であるように見えて、その実独特の宗教性を有していることと通じている。日本人特有の宗教心に関しては、阿満利麿『人はなぜ宗教を必要とするのか』ちくま新書、一九九九年、特に第二章を参照。

(15) 森鷗外「妄想」(『山椒大夫・高瀬舟』新潮文庫、一九六八年所収)、六〇頁。

第2章 死の苦しみと向き合う
——スピリチュアル・ペインは癒やされうるか

肉体的苦痛や不快、遺されることになる者たちへの心配、経済的負担など、末期患者を襲う苦しみは数多い。そうした苦しみの中でも、死を間近にした患者を最後まで悩ませるものは、「私の人生の意味とは何なのか」「なぜ私が死ななければならないのか」「死んだらどうなるのか」などといった実存的な苦しみ、すなわち「スピリチュアル・ペイン（霊的痛み）」[1]だとされている。しかし、そもそもスピリチュアル・ペインの問題は、末期患者のみに限られた問題ではない。それは本来ならば、「死すべき者」である人間すべてがすでに抱え込んでしまっている根源的問題でもある。

本章では、このスピリチュアル・ペインからの救済の可能性を探っていく。

私たち人間が死すべき者である以上、スピリチュアル・ペインはどんな時代においても避けられない苦悩ではある。しかし、二十世紀以降顕著になってくるニヒリズム的な精神文化こそ、スピリチュアル・ペインをより強め、耐え難いものにし、私たち現代人の死の受容を非常に困難なものにしていることは間違いないと思われる。特に現代の先進国において、長らく人々の死生観の前提になってきた宗教的世界観が崩壊するという状況に伴い、死の物語も衰退し、死の困難（そして生の困難）がもたらされているわけであるが、この困難に対して、「何らかの新しい死の物語を紡ぎ出すことによって、生や死に意味を付与する」という解決策を本稿ではとらない。

死を物語の内に回収するのではなく、むしろ死を通して物語の「余白」、「語り得ぬもの」のほうに耳を澄ますこと。人生・生命の無意味や無価値を認めること。他界へと「生の延長工事」を行なうのではなく、死を死として受け入れること。そのことによって、逆説的にスピリチュアル・ペインからの救済の可能性を探ること。それが本稿のスタンスである。

ただし、本稿の意図が、単なる科学的・啓蒙的立場からの宗教批判にあるのではないということは、あらかじめ強調しておきたい。本稿はむしろ、人生に関する物語を提供してきた、形骸化された「宗教」を批判し、宗教の本源へと立ち返ることを目指すものでさえある。そして、その本源は、本論で論究することになる「存在・生命との邂逅」にあり、特にキリスト教神秘主義や大乗仏教の中に、こうした本源に対する感覚が残存している、というのが本稿の宗教観である。そうした立場から、**1**と**2**において、それぞれ「宗教」批判を遂行しつつ論を進めていくという構成になっている。

まず、**1**では、存在論的観点からの批判を行なっている。形骸化された「宗教」は、存在の起源を「神」という存在者に求め、「神話」という形で物語化することによって、むしろ存在・生命そのものを忘却してしまっているという批判を、キリスト教神秘主義や大乗仏教的立場から行なっている。

続く**2**では、時間論的観点からの批判を行なっている。多くの宗教は「未来における救済」の物語を説くが、妙好人や道元らの大乗仏教思想の中に見受けられるような、〈今〉という仕方で現われる存在・生命そのものとの邂逅のうちに救済を見出そうとしている。

以上のような本稿の探究のキーワードとなるのが、〈死生観の転回〉という言葉である。この言葉は、「死という（一見）否定的な事実に対する自覚の徹底が、人生・生命への無条件の肯定という積極的な境涯へと転じること」を指している。

以下、詳しく論じていきたい。

1　死生観の転回構造
——絶対否定から絶対肯定へ

本稿における探究の手がかりは、まず何よりも末期患者たちの言葉に求めたい。終末期医療をめぐる研究は、末期患者のことを「ケアする対象」として、すなわち「問題対処すべき対象」としてのみ扱ってしまう傾向が強いが、本稿では、患者の立場から「スピリチュアルペインにどう向き合うか」ということを探究したい。[2] 筆者は、医療従事者でも宗教家でもない。ひとりの「死すべき者」であり、患者候補であるにすぎない。以下では、末期患者が書いた詩を手がかりに死生観を引き出し、宗教思想を援用しつつ形を与えていく、というスタイルで論述を進める。

まずは、食道がんで亡くなった高見順の一編の詩から。

電車の窓の外は／光りにみち／喜びにみち
いきいきといきづいている
この世ともうお別れかと思うと
見なれた景色が／急に新鮮に見えてきた

この世が／人間も自然も／幸福にみちみちている
だのに私は死なねばならぬ／だのにこの世は実にしあわせそうだ
それが私の心を悲しませないで／かえって私の悲しみを慰めてくれる
私の胸に感動があふれ／胸がつまって涙が出そうになる〔…〕[3]

以上に引用したのは冒頭の一部であるが、この作品の基本的コンセプトは十分に伝わってくることと思う。この作品の中核に見出しうるのは、「死という究極的にネガティヴなものの自覚が、翻って、自分の生や世界の存在へ肯定感をもたらす」という一種の転回構造である。一言で言えば、〈絶対否定から絶対肯定への転回〉とでも表現できるかもしれない。

こうした転回現象は、「今まで仕事人間だった患者が、病気を機に、家族と共に過ごす時間を大切にするようになった」といった事例に典型的に見られるように、現に終末期医療の現場からも数多く報告されている現象である。[4]

この転回を、私たちは「価値観の変化」という一言で片づけてしまうことも可能であるかもしれない。しかし、こうした現象からは、単なる価値観の同平面での移行（すなわち価値Aから価値Bへの移行）などよりも、いっそう根源的な変化が読みとれるように思われる。すなわち、「価値」という視点から、この人生そのもの、存在そのものを計る思考（以下、「価値思考」と呼ぶ）そのものが消失しているように思われるのである。そして、その価値思考の破壊は、まさしく死の自覚がもたらしたものである。

何らかの仕事の達成、出世、肩書き、他人からの承認、異性からの愛、金銭など、様々な価値によって私たちは自分や他人の存在、人生を常に計っている。ある条件にかなったとき「私は幸福だ」と喜び、条件にかなわなければ「私は不幸だ」と嘆く。

しかし、死を強く想うとき、私たちが存在・生命に貼り付けていた様々な価値のレッテルははがれ落ちていく。目的連関のうちに配置され、秩序づけられていた物や事が、それ自身の存在を告げはじめる。常に未来の目的に従属することによって意味を得てきた〈今ここ〉に生きて在るという事実が、一つの新鮮な奇跡として立ち現われる。

死の自覚は、何らかの条件に照らし合わせたうえでの人生の肯定ではなく、〈無条件の肯定〉をもたらしてくれる。高見が「この世が／人間も自然も／幸福にみちみちている」と詩うときの「幸福」も、世間的なレベルでの幸福、すなわち業績や名誉や愛などの「獲得・所有」という意味での幸福ではなく、いわば〈生きて在ることそのものの幸福〉とでも言うべきものである。死の自覚によって、価値や意味のヴェールを焼き尽くすことを通して、存在・生命に出会い直す機会が与えられるのである。

生命科学者の柳澤桂子は、病状の悪化により、すでに死を覚悟していた時期に、以下のような言葉を書き付けている。

> もし、病気をしたことで、私が学んだことがあったとするならば、何の価値もない自分であることを肯い、何の意味もない人生を生きることを喜びとすることを学んだことであろう。[5]

彼女は生命科学者ということもあって、その著作全体を通しては、科学的・近代的な発想が見受けられることもある。しかし、右に引用した言葉は、まさに病気を通した「死の自覚」による生命との邂逅を経て、彼女の理性、近代的自我の彼方から彼女を訪れた言葉だと私は思う。自分の生命・人生に「価値」や「意味」を付与することによって、条件付きに肯定するのではない。「なぜ」という問いの潰えたところに訪れる〈無条件の肯定〉

がそこにはある。

もちろん死は謎だが、そもそも生も謎。本当は、〈今ここ〉にこうして生きて在ること自体がすでに不可思議なことである——不可思議なるものは、決してこの現実の彼方にあるのではない。死の自覚が、私たちの存在・生命をある種の奇跡的なものとして開示するのである（「この世ともうお別れかと思うと／見なれた景色が／急に新鮮に見えてきた」）。高見や柳澤にとって、自分の人生やこの世界の存在は、いわば「人間を越えたもの」として立ち現われていたに違いない。

今、「人間を越えたもの」だとか「奇跡」などといった表現を用いたが、何も科学を無視した非合理的な主張をしようとしているのではない。そもそも科学（医学）は存在・生命を問題にすることができない。例えば「存在とは何か」「なぜ存在するのか」といった存在に関する問いに対して、科学は、「元素」などの要素へと還元することによって、あるいは「ＤＮＡ」「ビッグバン」などの原因に遡ることによって答えようとするわけであるが、実は科学は存在を問うてなどはいない。なぜなら、こうした答え方というのは、結局それら「元素」や「ビッグバン」の〈存在〉それ自体は問うていないからである。要するに、本来は存在に関する問題であるにもかかわらず、科学は別の「存在するもの」を持ち出すという仕方で、問題をすり替えているわけである。

以上のことを、臨床現場での例に移し替えて言うと、こういうことである。末期がん患者による「なぜ私が病気になり、死ななければならないのか」というスピリチュアルな問いに対して、医者は「あなたには、原因ＡとＢとＣがあったので、がんになったのです」と科学的な解答を示したところで、多くの患者は腑に落ちないものを感じるだろう。ある患者は、「それじゃあ、その原因ＡとＢとＣが、なぜ私に存在したのでしょうか」というさらなる問いを発するかもしれない。つまり、この場合、患者は〈存在〉に関する問いを発しているのに、医者は原因ＡやＢといった「存在するもの」に関する問題にすり替えてしまっているのである。

科学は、存在自体を問うておらず、生命の不可思議自体を感覚していない。存在を不可思議なもの、一つの奇跡として感覚すること。それは決して非合理的な態度によるものではなく、むしろ存在問題に関しては、唯一のアプローチ方法であるとさえ言ってよい。

以上のように、科学の方法によっては、そもそも存在問題にアプローチできないわけであるが、こうした事態に面して、宗教の役割が強調される傾向が出てくる。現に、現在の終末期医療研究でも、宗教家との連携の必要性が盛んに説かれている。

しかし、ここが本稿の主張のポイントでもあるのだが、実は、存在問題に関しては、宗教（少なくとも通常の意味での）もアプローチできない。すなわち、多くの宗教は、例えば存在の起源を「神」に求め、「神話」という形で物語化するわけであるが、科学のケースと同様、結局のところ、「神」という「存在するもの」の問題にすり替えてしまっており、〈存在〉そのもの、在ることそれ自体はついに問われないのである。存在問題へのアプローチ方法に関しては、実は宗教も科学と大して変わりがないのである。

ただし、私は、ここで宗教それ自体を批判しようとしているのではない。宗教思想の究極においては――具体的に言えば、ある種の神秘主義的な思潮においては――むしろ物語化やドグマ化を徹底的に拒否することを通して、聖なるものへと接近しようとする傾向を見出すことができる。「神秘主義」というと、むしろオカルト的な「物語」を語る最たるものという一般的なイメージがあるが、決してそうではない。むしろ物語ることの止滅、すなわち〈沈黙〉こそ、神秘主義を神秘主義たらしめる重要な要素なのである。(6)

例えばキリスト教おいては、中世キリスト教神秘主義の代表的思想家マイスター・エックハルトは、いわゆる「神」や「愛」などの否定を通して、絶対無である〈神性〉に達しうると考えている。

また、仏教に関して言えば、仏教はその誕生当初から、物語化やドグマ化への否定が組み込まれているという、他の諸宗教と比べても際だった特徴を有している。開祖のゴータマ・ブッダが、形而上学的問題に関しては沈黙を守り（「無記」）、教義体系の優劣を他学派と競う論争を嫌ったことはよく知られているが、こうしたブッダの反ドグマ的志向は、特に大乗仏教思想によく継承されている。例えば、『中論』第二五章第二四頌では「ブッダは、何処においても、誰に対しても、いかなる教えも説かない」という逆説的表現が為されている。また、ダルマが武帝から「如何なるか是れ聖諦第一義」（仏教の最も重要な真理は何でしょうか？）と問われて、「廓然無聖」（心は広々としており、わだかまりはない。真理など無いのだ）と答えたエピソードは有名である。さらに『臨済録』に至っては「逢佛殺佛……始得解脱」（仏に逢ったら、仏を殺せ。……そうして初めて解脱できるのだ）という過激な表現も登場するが、これらは初期仏教においてすでに胚胎していた反ドグマ的傾向を継承しているものとみなしてよい。他界の「物語」を説く典型的思想と考えられている浄土思想においてさえ、次節において「妙好人」の例を引き合いに詳しく述べるように、その信仰の究極において「他界としての浄土」は否定される。

　本稿の意図は、本章の冒頭でも強調したように、啓蒙主義的・科学主義的な立場からの宗教批判にあるのではない。それは、死の自覚を通して、科学も宗教もともに乗り越えていくことによって、より宗教的なるもの・聖なるものへと接近する道を探ること、そしてこの存在・生命そのものを絶対的に肯定することにある。また、物語ることとそれ自体が問題なのだと主張しているのでもない。なるほど、人生の「内部」には様々な物語はあるだろう。しかし、宗教や科学のように、人生の外部に立ったうえで、人生の〈存在それ自体〉に関する物語を紡ぐことによって「意味」や「価値」を付与するならば、そのことが結果的に、存在・生命と邂逅するチャンスを逸することにつながるということが真に問題なのである。

　私たちの社会では、「生きがい」（生きる目的、意味）を必死で〈今ここ〉の自分の外に探し回り、生きがいが得られない人生など生きるに値しないとばかりに自らの存在・生命を否定する者が後を絶たない（例えば年間約二万人もの自殺者の中には、少なからずこうした傾向の人間が含まれるはずである）。さらには「出生前診断」という方法で、胎児の「生命の質」を計ることで、条件にかなっていない者の存在は誕生前に消してしまう始末である（この問題に関しては、【第Ⅱ部】で改めて取り上げる）。存在・生命に対する「価値思考」の包囲網は、ますます拡大している。「不登校」や「ひきこもり」といった現象も、社会による存在・生命への価値付けに対する、子どもたちの身体（生命）からの異議申し立てなのかもしれない（この問題に関しては、第7章で改めて取り上げる）。

存在・生命は、「意味」や「価値」といった人間の思考が勝手に押しつけたレッテルを拒む。存在・生命は、そもそも「なぜ」という問い自体を受けつけない。強いて言えば、存在・生命そのものがすでに「答え」である。エックハルトは言っている。

> だれかが生命に向かって千年もの間、「あなたはなぜ生きるのか」と問い続けるとしても、もし生命が答えることができるならば、「わたしは生きるがゆえに生きる」という以外答えはないであろう。それは、生命が生命自身の根底から生き、自分自身から豊かに湧き出ているからである。それゆえに、生命はそれ自身を生きるまさにそのところにおいて、なぜという問いなしに生きるのである[7]。

2　時間観の転回構造
——今という仕方で現れる存在・生命

さて、ここからの論述では、〈死生観の転回構造〉に関する思索を、さらに時間論の観点から深めていきたい。

ここでも、まずはある末期患者の詩を手がかりに考察を進めていこう。

変換

死にむかって／進んでいるのではない
今をもらって生きているのだ

今ゼロであって当然の私が／今生きている

ひき算から足し算の変換
誰が教えてくれたのでしょう
新しい生命／嬉しくて　踊っています

〝いのち　日々あらたなり〟／うーん　わかります[8]

この作品からは、死生観の転回と一体のものとして起こる時間観の転回現象が如実に見て取れる（この転回のことを、作者は、詩のタイトルにあるように「変換」と呼んでいる）。この詩の作者である鈴木章子は浄土真宗の坊守《ぼうもり》であるが、彼女の時間観は、通俗的な浄土思想における時間観を突き抜けて、浄土思想ひいては大乗仏教思想の本来的な時間観を描き出しているように思われる。

通常私たちは「死に向かって」生きていると思い込んでいる。すなわち、人生を五十年なり八十年なりの長さを持つ直線として表象し、そのゴールを「死」とみなし、「生」をそのゴールに進むプロセスと解釈しているのである。しかし、そうした直線的時間観は、一種の妄想にすぎない。私たちは、五十年なり八十年なり生きることを当然の権利のように思い込んでいるが、現に九歳で死んでいく子もいれば、死産する子もいる。人間は、生まれてきた瞬間に、死ぬだけの十分な歳をとってしまっているのだ。鈴木は当時四十六歳であったが、がんという病と向き合うことによる「死の自覚」を通して、その生命観・時間観を「変換」させることになる。すなわち、生命・時間とは、その一定量が当然のように保証され、消費していく（「引き算」していく）対象なのではなく、むしろ一瞬一瞬新しく与えられているものなのだ、すなわち「今をもらって生きているのだ」と――。まさしく「ひき算から足し算の変換」である。「今ゼロであって当然の私」、すなわち、いつ死んでも決しておかしくはない私が、「今生きている」という不可思議さ。一瞬一瞬の時という仕方で新しく贈与される存在・生命に対して、鈴木は「新しい生命　嬉しくて　踊っています」だとか「〝いのち　日々あらたなり〟」という肯定的な言葉を発しているのである。

浄土思想は、通俗的理解においては、典型的な他界観に基づいて、将来（死後）の救済（すなわち「極楽往生」）の物語を説く立場だとされている。しかし、その信仰が極まったところにおいては、鈴木が描き出しているような時間観・生命観が見受けられる。その典型例を、私たちは、浄土真宗の篤信者である「妙好人」の信仰のうちに見ることができる。例えば、最も代表的な妙好人である浅原才市は、以下のように詩っている。

ありがたや／死んでまいる浄土じゃないよ
生きてまいるお浄土さまよ

なむあみだぶにつれられて／ごをんうれしや　なむあみだぶつ。[9]

才市は今日をよろこべ　今日をよろこべ／今をよろこべ　今をよろこべ
なむあみだぶつ　なむあみだぶつ。[10]

才市は、あきらかに救済を直線時間上の先に起こる出来事とみなしてはいない。救済は〈今ここ〉にある。

わたしや　臨終すんで　葬式すんで
みやこ（浄土）に心住ませて貰うて／なむあみだぶと浮世にをるよ。[11]

臨終待つことなし、今が臨終／なむあみだぶつ。[12]

これらの歌からもわかるように、才市にとって、「臨終」とは将来起こるであろう肉体の死を意味しない。鈴木の作品にも詩われていたように、存在・生命とは〈今〉という仕方で刻々新しく与えられているものである。いわば「存在する」とは「時する」ことである——そして、そのことは、私たちが時々刻々新しく生まれていると同時（同事）に死んでいるということを含意する。才市の言う「臨終」とは、禅語を用いて表現すれば、〈生死一如〉のことであり、さらにはそうした生死一如を生ききることによる自我の解体、すなわち〈大死〉をも含意しているように思われる。そして、この意味で「臨終」しきってしまうことこそ、才市にとって、浄土に心住まうことにほかならないのである。

さて、以上に読み取ってきた時間観・生命観のポイントをここで確認しておくと、大まかに言って、以下の三つが挙げられる。

①直線時間観の否定（今という瞬間の重視）
②時間と存在・生命の同一視（今という仕方で現われる存在・生命）
③今を生きることに救済（浄土）を見出すこと

以上のような時間観・生命観は、浄土思想に限らず、大乗仏教全般に広く見受けられるものだ。例えば、禅宗の道元にも類似した時間観・生命観が見出される。以下では、『存在肯定の倫理Ⅰ』第9章における論述とも重複することになるが、日本仏教の中では最も理論的な思想家に属すると思われる道元の思想を援用して、上述の三つのポイントを思想的に裏付けておきたいと思う。

まず第一のポイントである「直線時間観の否定（今という瞬間の重視）」について。以下は、『正法眼蔵』中の広く知られた一節である。

> たき木、はひとなる、さらにかへりてたき木となるべきにあらず。しかあるを、灰はのち、薪はさきと見取すべからず。しるべし、薪は薪の法位に住して、さきありのちあり。前後ありといへども、前後際断せり。灰は灰の法位にありて、のちありさきあり。かのたき木、はひとなりぬるのち、さらに薪とならざるがごとく、人のしぬるのち、さらに生とならず。〔…〕生も一時のくらゐなり、死も一時のくらゐなり。[13]

なるほど、薪は灰となれば、元のように薪になることはない。しかし、だからといって、「灰」は直線的時間軸の後の部分に位置し、「薪」は前の部分に位置するというふうに見てはならない。薪が薪である瞬間（法位）には、前後はあるかもしれないが、その瞬間はもうそれだけで自己完結しており、その前後からは独立している（前後際断）。「薪」という何か実体的で自己同一的な「もの」が、連続的・直線的な時間軸に沿って、後に「灰」という「もの」へ変化するわけではないのだ。つまり、「現在」そのものが、「未来」へと移行するわけではない。生や死もまた同じである。死んだ後に、再び生に戻ることはないが、生という瞬間は、それだけで自己完結しており、死という瞬間もそれだけで自己完結している。私たちは、直線時間上の「死」というゴールに向かって進んでいるわけではないのだ。すなわち「生といふときは、生よりほかにものなく、滅といふときは、滅のほかにものなし」[14]。前後際断している法位、すなわち道元思想における別のタームで言い換えれば〈而今《にこん》〉は、他のなにものにも代え難い独自なものであり、唯一一回きりのものなのである。

ここで注意せねばならないことは、道元は、「薪が薪である間は、あるいは生が生である間は、それらは持続的に存在している」と言っているのでさえないということだ。実のところ、薪が薪であるあいださえ、時々刻々新しく薪であるのだ。薪という何かのっぺりとした持続的・自己同一的なものが在るのではなく、真実には、薪は刻一刻の瞬間に存在生起しているのだ。つまり、ここで語られる薪はもはや私たちが通常考えているような実体的な「もの」としての薪ではなく、いわば刻々に新しく生命（「仏のいのち」）を宿しているような薪なのだ。私たちの生もまた同じである。私たちは、生きているあいだは存在しており、死後は存在しない、というのが私たちの持つ通俗的な見解である。しかし、実のところ、私たちはすでに刻々に生まれると同時（同事）に死んでいるのである。いかなる瞬間も、それ以外の瞬間とは独立（前後際断）であり、一瞬一瞬が元初、不断の創造にして終末である。〈而今〉は、それだけで自己充足し完全なものなのであり、それとは別のどこかから来たものでもないし（＝太初・原因の否定）、別のどこかへ至るのでもない（＝終局・目的の否定）。それは、自ずから、根拠なしに、「なぜ」なしに、豊かに湧き出ている（「新しい生命／嬉しくて　踊っています」）。

次に、第二のポイントである「時間と存在の同一視（今という仕方で現われる存在・生命）」について。以上確認してきた時間論は、道元においては、そのまま存在論でもある。そもそも、時間を超えたところや離れたところに、存在者が自足的に存在しているわけではない。通常考えられているように、非時間的存在者が、時間という直線軸にそって、様々に変化したりしているわけではないのだ。例えば薪は、実体的なものとして時間とは独立に存在し、灰などに変化しているわけではなく、真実には、常に新しく〈今〉という仕方で、湧き出ているのであった。先ほども述べたように、まさに「存在するとは、時すること」なのだ。あらゆる存在者は今という仕方以外では在り得ず、存在とは今という時そのものである。

山も時なり、海も時なり。時にあらざれば山海あるべからず。山海の而今に時あらずとすべからず、時もし壊すれば山海も壊す、時もし不壊なれば、山海も不壊なり[15]。

このような存在と時間の一如を、道元が深く自覚していたことは、「いはゆる有時は、時すでに有なり。有はみな時なり[16]」という発言に端的に表われている。道元の「改釈」によれば、「有時」とは、通常の解釈が言うような「ある時」のことではなく、存在と時間の即一を語っている言葉なのである。

さて、最後に、第三のポイントである「今を生きることに救済を見出すこと」について。

時間＝存在という一如なるものは、道元によれば、さらにはそのまま仏性という〈聖なるもの〉である。周知のように、『涅槃経』の「一切衆生悉有仏性」という句は、通常は「一切衆生は悉く仏性を有している」と理解されるのであるが、道元による強引な「改釈」においては、すべての存在者の存在は仏性である（「悉有は仏性なり[17]」）と理解される。そして、衆生も悉有に含まれる（「悉有の一悉を衆生といふ[18]」）から仏性であると道元は説明するわけである。道元が主張するところの仏性とは、仏になる可能性としての「草木の種子」のごときものではない。道元の仏性観は、諸法は実相であるとする現成公案の理と直結している。そこでは、あらゆる存在者の存在が、仏性（仏のいのち）として聖化されているわけだ。人間や動植物のみに限らず、あらゆる存在者が仏性という「仏のいのち」に生かされて在るのだ。

さらに、『涅槃経』中の「欲知仏性義、当観時節因縁。時節若至、仏性現前」という句に対する破格の「改釈」の中に、仏性論と時間論の接続を読み取ることができる。上の句は通常「仏性の意味を知ろうと思えば、時節因縁を心得るべきである。いつか時節が到来し、条件が熟せば、仏性は現われるものである。時節因縁が熟さぬうちは、仏性は現前しない」といったように解釈される。しかし、道元は「当観時節因縁」を、仏性とはまさに時節因縁であると観るべしと解釈する（「いはゆる仏性をしらんとおもはば、しるべし、時節因縁これなり[19]」）。つまり、仏性とは、時節因縁を待つことによって到来するようなものではなく、実はその時節因縁そのものなのだ、というのである。この場合の時節因縁は、既出のタームで言い換えれば、「而今」ということになろう。

このような時間と仏性の同一視は、「時節若至」の改釈を見れば、よりはっきりする。道元によれば、「時節若至」とは通常言うような「もし未来に仏性が現われる時節がやってくれば」ということではなく、時節はすでにこの通りに、ありのままに至っている（＝時節若く至る）ということであり、もはや疑う余地などないということである（「時節若至」といふは、「すでに時節いたれり、なにの疑著すべきところかあらん」となり[20]」）。時節すなわち前後際断した而今は一瞬一瞬に到来しているのであり、到来していないような抽象的な時間は、実のところ存在しない（「時節若至は、十二時中不空過なり[21]」）。要するに、「時節が若し至れば」とは、「時節がすでに至っている」というのと同じことなのである（「若至は既至といはんがごとし」[22]）。時節＝而今がありのままに至っているのだから、この而今以外に概念的に設定された仏性がわざわざ重ねて到来する必要もない。なぜなら、時節＝而今がそのまま仏性であるからである（「時節若至すれば、仏性不至なり」[23]）。そういったわけで、時節＝而今はすでに到来しているので、仏性もまたすでに現前しているのだ（「時節すでにいたれば、これ仏性の現前なり」[24]）。そもそも、時節＝而今が到来していないような時間はないし、時節＝而今とは仏性そのものだから、現われないような仏性もないのだ（「おほよそ時節の若至せざる時節いまだあらず、仏性の現前せざる仏性あらざるなり」[25]）。道元において、仏性はまさに存在＝瞬間と一如なのである。

以上のように、仏性が而今にほかならないとすると、当然、仏性とは常ならぬもの、すなわち「無常」であるということになる。事実、道元は「無常仏性」を説く。

> しかあれば、草木叢林の無常なる、すなわち仏性なり。人物身心の無常なる、これ仏性なり。国土山河の無常なる、これ仏性なるによりてなり。阿《あ》耨《のく》多《た》羅《ら》三《さん》藐《みゃく》三《さん》菩《ぼ》提《だい》これ仏性なるがゆへに無常なり、大般涅槃これ無常なるがゆえに仏性なり[26]。

「無常」というと、通常、克服すべきネガティヴな対象としてイメージされているが、道元においてはむしろ、仏性というこの上なくポジティヴなものへと〈転回〉されているのである。また、「仏性」というと、私たちは何らかの超時間的なもの・無時間的なもの・永遠なるものをイメージしがちであるが、道元の「無常仏性」は、むしろこの日々の生そのもの、時々刻々に活き活きと生動する生命そのものの姿を指しているのである。

したがって、仏性とは、理性的認識によって把握されるようなものではない。

仏性＝而今を対象化することは不可能なのである。

恁麼時の而今は、吾も不知なり、誰も不識なり、汝も不期なり、仏眼も観不見なり。人慮あに測度せんや[27]。

道元は言うのだ、恁麼時《いんもじ》の而今、すなわちありのままの〈今〉は、誰も認識できない、私もあなたも認識できない、仏の眼によってさえも認識できない、と。それはただ生きられている。まさにその事実ゆえに、事後的な表象意識にとっては隠れざるをえないのである。そうであるならば、〈今〉を直下に生ききる、すなわち仏性になりきるための生き方は、「自己をわするる[28]」ような生き方、自我意識を捨てた在り方しかないことは、もはや予測できよう。

ただわが身をも心をもはなちわすれて、仏のいへになげいれて、仏のかたよりおこなはれて、これにしたがひもてゆくとき、ちからをもいれず、こころをもつひやさずして、生死を離れ、仏となる[29]。

而今すなわち無常仏性とは、認識主体の立場から見られた世界像などではない。而今において、自己は脱自的存在者とならなければならない。自己が深遠な受動性を回復し、而今を直下に生ききるとき、この日常世界すなわち生死の世界が、そのまま涅槃へと〈転回〉する（「生死はすなはち涅槃なりと覚了すべし[30]」「この生死は、すなはち仏の御いのちなり[31]」）。才市の言葉で言い換えれば、今ここに「臨終」することによって、この浮世に居ながらにして「浄土に心住まう」ことが可能になるのである。

3　癒やされないままに癒やされること

以上のように、浄土思想においても、禅思想においても、〈今ここ〉の救済、悟りが語られているわけであるが、そうした救済や悟りを得れば、あらゆる苦悩や不安がきれいさっぱりなくなると、私たちは誤解してはいけないだろう。悟りさえ得れば、人生バラ色になると考えること自体、そして、そもそも「ゴールとしての悟り」（例えば「最終解脱」）などというものがあるなどと考えること自体、まさしく私たちが凡夫であるがゆえの妄想だと言わねばならない。

そのことを理解させてくれる好例が、代表的妙好人の一人である讃岐の庄松のエピソードである。庄松が死に際に大変苦しんでいると、同行の人が、「あなたはいよいよ浄土に行くことができるのだから、喜んでいるでしょう」と言った。それに対して、庄松は「喜びどころか苦くて居れぬは[32]」と答えたという。

このエピソードを聞いて、「信仰深いはずの人が情けない。やはり宗教などいざという時には役立たないものだ」と思う者もあるかもしれないが、それは違う。阿弥陀仏はどんな人間も無条件で受け入れているのだ。苦しければ苦しくてよい。「死にたくない」とわめきたければ、わめけばよい（ちなみに、名高い禅僧である一休や良寛、仙厓も臨終時には「死にたくない」と言ったとする記録もある）。死を恐れることなく、周囲の人間に感謝しながら、微笑んで立派に死んでいく必要など少しもない。美しい死（beautiful death）を達成する必要などどこにもない。阿弥陀仏はどんなにみっともない自分でも受け入れてくれているのだから、浄土に向かうのに「よそ行き」を身にまとう必要はない。いや、そもそも浄土は、今の自分とは離れたどこか彼方にあるのではない。ありのままに、わめき苦しんでいる〈今ここ〉にしかない。

私たちの人生から苦しみそれ自体がなくなるわけではない。しかし庄松のように、苦しみと一体となり、苦しみを生きるとき、それは通常の意味での苦しみであることを突き抜けて、〈絶対的安心〉という底に立脚していることに私たちは気がつくのではないか。この〈絶対的安心〉についての理解を助けてくれるのは、やはりなんと言っても、良寛の書簡の中の有名な一節である。

> 災難に逢う時節には災難に逢うがよく候。死ぬる時節には死ぬるがよく候。これはこれ災難をのがるる妙法にて候[33]。

私たちは、「災難」や「死」を自分とは別のもの、自分の外から襲いかかってくるもの、いわば自分の「敵」だというように考えている。しかし、それらの苦しみもまた自分自身のいのちの姿だとしたらどうか？〈今ここ〉を生きるという仕方で「仏のいのち」そのものとなるとき、失うもの、奪われるようなものは何一つないではないか。もちろん苦しいものは苦しい。しかし、私たち現代人は老いや病や死といった苦しみを「敵」とみなすことによって、その苦しみをを余計耐え難いものにし、いわば「こじらせて」しまっているのではないか。「苦」や「死」という、ある意味でノーマルな姿、〈自然のあるがままの姿〉が、まるで「本来あってはならぬこと」「克服すべき対象」のようにしか感覚できなくなるからだ（言うまでもなく、現代人におけるグロテスクなまでの健康願望と、それと表裏一体のものとしての、老人や障害者たちへの排除意識は、こうした〈自然のあるがままの姿〉の否定を背景の一つとしている）。

不安や苦悩の反対側に安心や歓びがあるのではない。不安や苦悩の底にしか本当の安心や歓びはないのではないか。私たちは、不安や苦悩の中にありつつ、その中に歓びや安らぎを見出すことしかできないのではないか。

そもそも、人生の「意味」への問いに「解答」などない。その点においては、スピリチュアル・ペインは癒やされえない。スピリチュアル・ペインとは、克服すべき「悪しきもの」ではない。それは、私たちが一生付き合っていくべきものである。物語ることによって、死の不安や生の不可思議を消去しようとするのではなく、むしろそれらと共に生きていく。そこに、スピリチュアル・ペインからの逆説的救済の可能性が開かれるのである。

たすかるとわ、そりや無理よ
たすけてあることの、
なむあみだぶつ。[34]

（1）そもそも「スピリチュアル・ペインとは何か」という定義に関する問題も、議論の余地のある問題であり、現時点では、広く共有された定義はない状態である。筆者個人としては、まさしくこの「定義できない」という点にこそ、スピリチュアル・ペイン特有の在り方が顕われていると考えているが、本稿では、定義の問題には直接触れずに、淀川キリスト教病院ホスピス編『緩和ケアマニュアル』（最新医学社、二〇〇一年）における「単なる精神的な痛みを越えた〝魂の叫び〟、自己存在の意味や価値に関わるより深いレベルの痛み」（二〇〇頁）という説明をとりあえずの定義とする。なお、スピリチュアル・ペインの定義に関しては、細田亮『スピリチュアルペイン』幻冬舎、二〇一九年、三四－四〇頁も参照。

（2）「医療を提供する立場から論じられていることが多く、患者の立場からの論考は少ない」ということは、医療倫理研究全般に当てはまることである。かつて作家の柳田邦男らが、患者の側の視点に立った「患者学」を提唱したのも、こうした事態に対する問題意識もあってのことだろう。

（3）高見順『死の淵より』講談社文芸文庫、一九九三年、五四－五五頁。

（4）例えば、柏木哲夫『死を看取る医学』ＮＨＫ出版、一九九七年、六九－七〇頁参照。

（5）柳澤桂子『癒されて生きる』岩波書店、一九九八年、九八頁。

(6) 神秘主義には様々な位置づけ（例えば、バルトらの「宗教の空想的・頽落的形態」、ハイラーらの「預言者的敬虔に並ぶ宗教の基本形態の一つ」など）があるが、本稿では、西谷啓治の見解のうちに代表的に見受けられるような「宗教の究極的可能性を有する立場」として神秘主義を捉えている。その立場における神秘的経験とは、日常的な生の「絶対否定」を通じて神的な生命を獲得することである。そして、この神的な生命を獲得するために、〈沈黙〉が要請されてくるわけである。すなわち、神的な生命を隠蔽している「言語による現実構成機能」を破壊することが〈沈黙〉にほかならない。本稿における思索は、以上のような神秘主義観に基づいている。

(7) M. Eckhart, *Werke*, I, hrsg.von Niklous Largier, Deutscher Klassiker Verlag, 1993, S70-72.

(8) 鈴木章子『癌告知のあとで』探求社、一九八九年、八二頁。

(9) 楠恭編『定本　妙好人才市の歌』三、法蔵館、一九八八年、二三頁。以下、才市の歌の表記は、わかりやすいように所々漢字に置き換えておく。

(10) 同前、一八二頁。

(11) 鈴木大拙編著『妙好人　浅原才市集』春秋社、一九六七年、一〇六頁。

(12)『定本　妙好人才市の歌』二、八三頁。

(13) 道元『正法眼蔵』一、岩波文庫、一九九〇年、五五－五六頁。

(14) 道元『正法眼蔵』四、岩波文庫、一九九三年、四六七頁。

(15) 道元『正法眼蔵』二、岩波文庫、一九九〇年、五五頁。

(16) 同前、四七頁。

(17)『正法眼蔵』一、七三頁。

(18) 同前。

(19) 同前、七九頁。

(20) 同前。

(21) 同前。

(22) 同前。

(23) 同前。
(24) 同前。
(25) 同前。
(26) 同前、九一‐九二頁。
(27) 『正法眼蔵』二、一〇七頁。
(28) 『正法眼蔵』一、五四頁。
(29) 『正法眼蔵』四、四六八頁。
(30) 『正法眼蔵』一、三四頁。
(31) 『正法眼蔵』四、四六七頁。
(32) 『庄松ありのままの記』(『大乗仏典　中国・日本篇』第二八巻所収)中央公論社、一九八七年、一五六頁。
(33) 大島清作編『良寛全集』岩波書店、一九二九年、三五三頁。
(34) 『定本　妙好人才市の歌』二、一〇〇頁。

【第Ⅱ部】生まれ来ることの肯定

——生命・医療倫理学的探究（2）

でもとにかくさ、だだっぴろいライ麦畑みたいなところで、小さい子どもたちがいっぱい集まって何かのゲームをしているところを、いつも僕は思い浮かべちまうんだ。……で、僕がそこで何をするかっていうとさ、誰か崖から落ちそうになっている子どもがいると、かたっぱしからつかまえるんだよ。……ライ麦畑のつかまえ役、そういったものに僕はなりたいんだよ。馬鹿げていることは知ってるよ。でも、ほんとになりたいものといったら、それしかないね。

――サリンジャー『ライ麦畑でつかまえて』

第3章 生まれ来ることの歓待
——人工妊娠中絶批判のための一試論

本章の目的は、人工妊娠中絶（以下、中絶と略す）に反対し、望ましい社会の在り方や人間の生き方のヴィジョンを描き出すことにある（ちなみに筆者は、キリスト教を含め特定宗教の信者ではない）。「現代日本で行なわれている中絶のほとんどは認められるべきでない」というのが本稿の立場である。ここで言う「中絶のほとんど」とは、中絶件数の大多数を占める「経済的理由」を拡大適用した中絶[1]（および、数さえ知れない、正式に届け出されていない中絶）を指している[2]。

従来、中絶の是非に関する議論は、大まかに言えば、自己決定権や生存権などの「権利」の認否、胎児における人格や能力の有無、妊婦と胎児とのあいだの「関係」の成立の如何などをめぐって展開されてきた。そうした議論の流れのうちに本稿の立場を位置づけるならば、「関係論」を発展的・批判的に拡張しつつ、中絶を否定する立場ということになる。

1と**2**では、人間関係の総体としての社会の損傷という根拠から中絶を批判する。最後の**3**では、簡単にではあるが、関係論的視点から、中絶問題解決のための展望を描きたい。

1　中絶による〈生を歓待する場〉としての社会の損傷

1－1　「子ども」としての受精卵・胎児

「権利」や「人格」といった論点からの中絶論議は女性の実感を反映したものではないという指摘がギリガンやマッキノン、田中美津といった女性の立場からなされてきた[3]。女性は、中絶を容認している場合でさえ、胎児をただの細胞の塊だとか所有物と思っているわけではない、胎児がパーソン（人格）でないからといってその生の尊厳を感じていないわけではない、中絶の権利を持っていると思っているわけではない、などと。

また、ハーストハウスも徳倫理学の立場から、「権利」や「人格」といった論点からの中絶論議を退けている。彼女によれば、「胎児は権利を持つか否か」とか「胎児は人格であるか否か」といった哲学的な問題は、中絶の是非とは無関係であり、有徳であるため必要な知はそのような哲学的知識ではない。「権利」や「人格」といった概念の導入は、むしろ「よき生とは何か」とか「真の幸福とは何か」といった有徳であるための問いを封じてしまうのである[4]。

以上のような異論が示しているように、「権利」や「人格」などといった論点からの中絶論議は、とかく現実から遊離したものになってしまいやすい。後期ウィトゲンシュタインに倣って言えば、パーソン論者は「哲学という病」に罹っており、現実の生の文脈を逸脱した形而上学的論議に陥るばかりか、その成果としてもたらされた理論によって現実の生のモラルを操作しようという転倒した試みを行なっているのである[5]。

よって本稿では、関係論的視座を導入することによって、「現に社会的関係の中に埋め込まれ生きている者」としての生命感覚・道徳感覚からなるべく離陸することなく論を組み立てていくことを心がけたい[6]。

まず受精卵・胎児の地位について、本稿の立場を記しておく。本稿では、関係論的視点から、私たち「大人」や「親」にとって、受精卵以降の存在者は「子ども」であるということ——ある意味当然のことであるが、それゆえに忘却されがちなこと——を強調したい。特にパーソン論者をはじめとする学者は、形而上学的視点から、受精卵・胎児の有する能力にのみ注意を払い、その地位と対処を決定しようとしてしまいがちだが、受精卵・胎児は、社会的関係を捨象したところに、実体的に存在するわけではない。学者からは単なる物質とみなされがちな受精卵でさえ、あくまでその両親に当たる男女が結びついて生じた存在者である（さらに、受精卵は、両親のみならず、両親を通して家族・親族をはじめとする社会のメンバーや、医療・福祉・教育といった社会制度とも密接に関係している）。この点で、受精卵以降は、精子や卵子とは決定的に異なる存在者である。それは精子・卵子とは違って、「子ども」や「赤ちゃん」と呼びかけることが可能だし、現に呼びかけられている存在者である[7]。例えば、私たちの日常言語では、妊娠の知らせを聞いたとき「子どもができた」「赤ちゃんができた」と表現されるが、精子・卵子を「子ども」や「赤ちゃん」と呼ぶ者はまずいない。

　また、受精卵以降の存在者はすでに成長のプロセスを開始してしまっている動的な存在者であり、両親をはじめとする社会の大人たちが拒みさえしなければ、出産にまで至る可能性がある（そして出産後も、その成長は継続していく）。つまり、その存在をそのままにしておけば、どんどん妊婦のお腹は膨らんでいく。感覚的に表現すれば、受精卵以降の存在者は「私たちのもとにやって来る者」「到来する者」である。だからこそ、そのまま出産するにせよ中絶するにせよ、何らかの「応対」を私たち大人は〈迫られる〉のである。以上の点においても、受精卵以降の存在者は精子・卵子とは決定的に異なり、線引き不可能な連続体である。

1－2　子どもの生

さて、私たち「大人」にとって、「子ども」は、どのように立ち現われるか。「人格」や「能力」や「権利」を問う眼差しからは視界に入ってこないような要素――言語化・理論化が困難ではあるが少なくない一般人が共有しうるであろう重要な要素――をなんとか拾い出してみたい。特に倫理的に重要だと思われるのが、以下の二つの点である。

①罪なき者としての子ども

まず子どもは、多くの大人にとって、無垢であり、罪のない（unschuldig）存在者として立ち現われる。この無垢性の根底には、子どもの生の根源的偶然性がある。すなわち、子どもは、どんな時代に生まれてくるか、どんな環境に生まれてくるか、どんな人種に生まれてくるか、そして、どんな両親のもとに生まれてくるかなどを選択できない（究極的には、生まれてくること自体選択できない）。こうした誕生の在りようへの感慨は、古今東西の文献をひもとけば明らかなように、人類にとって、かなりの普遍性を持ったものだと思われる。ここではその典型例として、仏典『ミリンダ王の問い』における王の問題提起を挙げておこう。

「尊者ナーガセーナよ、いかなる理由によって、人々は平等ではないのですか？　すなわち、或る人々は短命で、或る人々は長命です。また或る人々は多病であり、或る人々は病が少ないのです。或る人々は醜怪ですが、或る人々は端麗です。或る人々は力弱く、或る人々は力が強い。或る人々は財少なく、或る人々は財が多い。或る人々は卑賤の家に生まれ、或る人々は高貴の家に生まれます。或る人々は愚かであり、或る人々は賢明です[8]」

こうした普遍性のある率直な問いに対して、形而上学的視座から「前世の因縁」「神のみわざ」等といった解答を与えることによって誕生の根源的な不可思議に目を閉ざしてしまわない限りは——再び後期ウィトゲンシュタインに倣って言うならば、余計な「説明」を与えてしまわない限りは——すべての子どもの生は根源的偶然であり、それゆえに子どもは無垢であり、罪はないと言える。子どもは、こうした根源的偶然の前に投げ出されている。すなわち、ハイデガーの用語で言えば、被投的な存在者である。

②生の肯定者としての子ども

しかしまた、こうした生の重い事実にもかかわらず、子どもの誕生が大人に希望を与える歓ばしき出来事であるのもまた、かなり普遍的な事実である。

子どもの存在は〈根源的な肯定の力〉を発している。受精卵以降の存在者が日に日に成長していく姿や、赤子が泣いたり、微笑んだり、周囲のいろいろなものに関心を示したりして、ひたむきに生きている姿に、私たちは「生命の端的な肯定」そのものを感受する。ニーチェの言葉を借りれば、「子どもは……おのれの力で回る車輪、始原の運動、聖なる肯定」[9]である。作家の田口ランディは、鷲田清一との対談において、自らの出産経験を振り返り、こう発言している。

> うちの子は、兄が自殺した翌年に生まれたんです。兄の死は悲惨でしたから、当時、家族はかなりボロボロだったんです。でも、そこにひょこっと孫が生まれた。そりゃあもう父も母も喜んでね。赤ちゃんは希望でした。ただ新しい生命が生まれてくる。それだけでみんなが生きる力を取り戻した瞬間を見ているから、子

どもは生まれてくるだけですごいなと思う。命に意味はなかったです。だけど赤ちゃんのひたむきさに生命のつながりを感じちゃうんですよね。だいじょうぶ、生きてていいんだ、みたいな……。言葉で言ってしまうとすごくダサイんだけど（笑）[10]。

少なからぬ大人が、子どもの存在に触れた際、時に不思議な感動と幸福感に〈襲われる〉のは、子どもの生それ自体が放つ〈根源的な肯定の力〉に共振することによって、大人の世界の様々な計りごとへの埋没ゆえに忘却されていた「大人たち自身における根源的な生の肯定の力」が呼び覚まされるからである――「遊ぶ子どもの声聞けば、我が身さへこそ揺がるれ」（『梁塵秘抄』三五九）[11]。こうした幸福は、何かを所有することによる幸福でもなければ、何らかの目的を達成したがゆえの幸福でもない。それは、そうした意識レベルの幸福以前のところで私たちに与えられ、享受されているような歓び、いわば〈生きて在ることそれ自体の歓び〉である。

1－3　子どもの到来の拒否としての中絶

以上のような生命感覚に基づいて言うならば、中絶とは、①罪のない、②生を肯定している子どもの存在を、大人が自らの判断で一方的に否定する行為である。すなわち「たまたま子どもを望まない親のもとに受精した」がゆえに、子どもは生を端的に肯定しているにもかかわらず、私たちのもとへの「到来」――すなわち、成長をそのまま継続し出産へと至ること――を拒まれ、「否」を突きつけられるのである。換言すれば、中絶という行為において、大人は自らの手で、子どもの肉体のみならず、子どもとの「関係」を破壊しているのである。

子どもの生に関するこれら二つの論点は、「選択的中絶」の場合にも妥当する。すなわち、①子どもが障害を持っているのは、偶然にすぎず、子どもに罪はない、②障害児もまた、端的に生を肯定している（その存在を否定しているのは、あくまで親や世間の側である）。にもかかわらず、大人の一方的な判断で、この社会に迎え入れてもらえないのである。一部のフェミニストは、障害者に配慮して「一般的な中絶は女性の自由として許されるが、選択的中絶は生命の質で子どもを差別することなので許されない」といった趣旨の主張をしているが[12]、このように選択的中絶と一般的中絶をあたかも別々の問題のように扱う姿勢は受け入れがたい。選択的中絶が悪であるのは、確かに「生命の質によって子どもを差別することだから」なのではあるが、そうした差別というものがそもそもなぜ悪なのかをさらに問いつめると、結局は一般的中絶の場合と同じように「罪なき子ども、端的に生を肯定している子どもの生を一方的に否定したから」ということに行き着く。選択的中絶が許されないことであるならば、必然的に一般の中絶もまた許されないことなのである（そもそも、一部のフェミニストたちが、その二枚舌的な主張を「理論的に」正当化などしてみせたところで、現実には、障害児たちは「経済的理由」の名のもと自由に中絶され続けるだけである）[13]。多くの「大人」が、一般的中絶であろうと選択的中絶であろうと、中絶に対してどうしても「罪悪感」を感じてしまわざるを得ない理由——1－1の冒頭で紹介したような中絶擁護派でさえ、中絶そのものは決して望ましいことではないと感じてしまう理由——は、「罪なき子ども、生を肯定している子ども」の「到来」を自らの判断と意志で拒んでしまった、すなわち自らの手で「関係」を破壊してしまったという感覚をどうしても打ち消せないからである。

1－4　〈生を歓待する場〉としての社会

現代日本では胎児の六人に一人ほどは中絶されている。正式に届け出されていない中絶も含めればさらに多い。生に対するこのような姿勢を今のまま黙認し続ける社会——現行法（母体保護法）にさえ厳密には適っていない中絶が当たり前になってしまっているような社会——は、はたして望ましい社会と言えるのか。それはやはり望ましくない、というのが本稿の主張である。

子どもの生は根本的に偶然であった。たまたま、子を望まない親のもとに生まれたり、障害を持って生まれたりすれば、中絶されてしまう可能性がある。現代日本は、六分の一もの確率で、そうしたことが現に起こっている社会である。私たちは、実のところ、運良く〈生き残っている〉にすぎず、大人の一方的な判断によって存在を抹消されていても何ら不思議はなかったのである。[14] 私たちは、いわば「サバイバー」にすぎない。

たまたま背負わされた条件によって生を否定されてしまうような社会は、すべての人間にとって住み難い社会である。なぜなら、すべての人間の生は偶然に晒されているからである。例えば、たまたま良い環境に恵まれる者もいれば、そうでない者もいる。たとえ今は強者・勝者の側に属していても、アクシデントによっていつ転落するかわからない。すべての健常者は、病気や事故等により障害者・弱者になる可能性を持っている。また、長生きをすると体の自由がきかなくなっていくが、その意味で「老い」とは「障害を抱えていく」ということでもある。単に、すべての人に障害を持つ「可能性」があるだけではない。「障害」（disability）を原義通り「できないこと」と捉えれば、すべての人は——自覚があるにせよないにせよ——すでに各々が何らかの「できないこと」を抱えこんでおり、それゆえ現に他者の助けを必要として生きている不完全な存在者であり、関係的存在者である。

社会的連帯の最終的な拠り所になりうるのは、すべての人間の生は偶然に晒されており、生命・人生は〈ままならない〉という生命感覚である。[15] 例えばロールズ的な配分の原理を根底で支え得るのは、こうした生の偶然性への感覚なのである。

しかし、現代社会は、近年における「自己責任」論の蔓延や格差の拡大といった現象を見れば明らかなように、ますます生の偶然性への感覚を欠き、多くの人々が、いつ存在を否定されるかという恐怖——生物学的死だけでなく社会的死（無視、蔑み等）への恐怖も含めて——を漠然と抱きながら暮らしていかなければならないような陰湿な社会になってしまっている。竹内章郎が指摘するように、「「重度障害者」を切り捨てて幸福そうにみえる「生活過程」や社会は、切り捨てたことの圧力によって圧迫され、実際はこの「定まった生活過程」や特定の社会からの脱落への不安におびえた不幸なもの[16]」となっているのである。そもそも多くの現代人が、過剰なまでに健康や若さ、富や評価等を求めてしまうのは、社会による存在否定への防衛反応であり、安心への希求の表われであると考えられる。

　しかし、そうした防衛反応は、本当の安心をもたらさないであろう。本当の安心をもたらすのは、どんな生も歓待するような場として社会を空け広げることだけである。ハイデガーは、倫理という言葉の語源であるエートスを「居場所」（Aufenthalt）のこととし、この「居場所」について思索することこそが「根源的倫理学」なのだと説いている[17]。こうした倫理観に倣って言えば、この社会を「生を歓待する場」にすることこそが、いま求められる根源的な倫理である。倫理とは、単なるルールやガイドラインのみを指すのではない。

　中絶とは〈生を歓待する場としての社会〉を損傷する行為なのである。なにも中絶女性を責めたいのではない。女性を中絶という行為へと追い込んでしまうような社会、年間約一五万件も行なわれている中絶を黙認する社会、健常児であろうと障害児であろうと子どもの誕生を大人が当たり前のように歓んであげられない社会、そうした社会においては、私たちの生の〈根源的な肯定の力〉が損なわれてしまっている——前出の田口の言葉で表現すれば「だいじょうぶ、生きていいんだ」という肯定感覚が破壊されてしまっている——と主張したいのである。

2　生を歓待するということ
——生命の神聖さ・再考

さて、本稿で言うところの「生を歓待する」とは、伝統的な言葉を用いて言い換えれば、結局のところ「生命の神聖さ」を尊重するということではあるのだが、この言葉にはあまりにも手垢がつきすぎており、それでいながら意味内容も曖昧である。そこで、この節では、ロナルド・ドゥオーキンにおける「生命の神聖さ」の見解を批判的に検討することを通して、「生命の神聖さ」ひいては「生の歓待」という本稿のキーワードを可能な限り明確にしておきたい。

2－1　ドゥオーキンにおける「生命の神聖さ」と中絶擁護論

ドゥオーキンは、リベラリストとして中絶の権利を擁護する一方で、胎児が「生命の神聖さ」という「価値」を有する存在者であることも認めるという挑戦的な議論を展開している。彼によれば、人間の生命＝人生（life）が「神聖さ」を有するのは、それが自然の行なう創造的な投資（investment）、すなわち生物学的成長への投資と、人間の行なう創造的な投資、すなわち社会的・個人的な成長への投資の結果であるからだ。よって、胎児の生命は、自然による創造的な投資の結果として、確かに価値あるものであり、その意味で「神聖さ」を有する。しかしながら、妊婦本人および周囲の家族等が妊婦の生命（人生）に対して行なった投資（および自然が行なった投資）は、自然による胎児への投資を上回っているという点で、より重要な価値を持つものである。したがって、胎児を中絶することによって胎児への投資が「挫折」（frustration）することよりも、出産することによって妊婦の人生への投資が「挫折」することのほうが相対的に悪しきことであり、中絶を行なったほうが妊婦の「生命（人生）の神聖さ」を尊重することになるので、中絶は正当化できるとドゥオーキンは主張する。選択的中絶の場合もまた、障害児を中絶することによる自然の投資の「挫折」よりも、障害を持つことによって本人や周囲にもたらされると予想される「挫折」のほうがより悲劇的であるという理由から正当化される[18]。

2－2　生命の神聖さとは

以上のドゥオーキンの所論を批判していこう。本稿の関係論的視点からすれば、まずは何よりも、もし妊婦や障害者の「挫折」が社会環境の不備（女性や障害者への差別や支援不足等）によってもたらされているのなら、あくまでもそうした社会環境自体が改善されるべきであり、中絶を解決策とすべきでない。このことは幾度も繰り返し強調されてよいことであり、早急に実現しなければならないことである。

次に、生命観・人生観上の批判になるが、障害者として生きることや、望まない妊娠をすることは、はたして「挫折」と言えるのだろうか。現に、障害を持ちながらも、それと向き合い、受け入れながら、幸福に暮らしている人々も数多く存在する。また、たとえ最初は望まなかった妊娠であったとしても、母親としてその子の存在を受け入れることによって、新しい人生の可能性を開き、幸福を見出す女性も存在する[19]。さらに、そうした人々が放つ〈生の根源的肯定の力〉が、時に周囲の人々の中に眠っていた〈生の根源的肯定の力〉を呼び覚ますこともある。例えば、障害者が放っている端的な生の肯定の力に共振することによって、家族をはじめとする周囲の者たちは、「障害者は不幸だ」「障害者は社会の負担だ」などといった様々な偏見や計算による「生への裁き」の姿勢が打ち破られていく。それは、周囲の者たちが、自分自身に行なってきた、様々な偏見や計算による「生への裁き」から解放されるきっかけになり、彼らも自分自身の生を肯定する力を回復していくのである。現に障害児の親からは、様々な苦悩や苦労を抱えているにもかかわらず、「この子の存在が大事なことに気づかせてくれた」とか「生まれてきてくれてありがとう」といった趣旨の発言が多く聞かれるが、それは必ずしも単なる強がりや綺麗事ではないと私は思う。さらに言えば、障害者たちが、健常者に人生の智恵――例えば、自らの「弱さ」＝「できないこと」との付き合い方の智恵等――を授けてくれることさえある[20]。

人生において一体何が「挫折」に当たるのかなど、第三者が判断できないのはもちろんのこと、実は本人自身にさえ、前もって判断できることではない。なぜなら、人生には、他者との出会いや不可測の出来事といった様々な「偶然」が満ちており、人間は出産後も、そうした機縁によって「成長」を継続し変貌し続ける「動的な存在者」だからである。

また、仮に障害や望まない妊娠などを「挫折」と認めるにしても、そもそもこうした挫折というのは絶対に回避されなくてはならないものなのだろうか。古来言われ続けているように、人生には挫折はつきものである。すなわち、前出の言葉で言い換えれば、〈ままならない〉のが私たちの生である。「生きる」ということは、様々な挫折の可能性に脅かされながら、そして挫折してしまった時には、その挫折となんとか折り合い、受け入れながら、その中に幸福を見出していくということなのではないか。それは「自分自身の生を歓待する」ということでもある。「生命（人生）の神聖さ」とは、そうした生を肯定する力に伴って感覚されるものなのではないか。人生への投資の「挫折」に対する過大な恐怖が、真の人生の神聖さを忘却させ、「子どもの人生それ自体の抹消」という暴力へと駆りたててしまっているのだ。しかし、私たちの人生の神聖さは「挫折」程度で破損されるようなものではない。

結局のところ、「投資」などという経済的発想によって「生命の神聖さ」を規定すること自体に問題があるのだ。ドゥオーキンの生命観・人生観の根底には「損得」「成功・失敗」という視点からしか人生・生命を観ることができない狭量さがあるように思われる。ドゥオーキンの立場から言えば、例えば三十歳の大人の死は、一歳の子どもの死よりも、投資の破壊の度合いが大きいゆえに、一層悲惨な出来事である。しかし、事はそう単純だろうか。わずか一年で人生を終了し、様々な可能性を閉ざさざるを得なかった一歳の子どもの死に、より大きな悲惨を感じる者もいるだろう。いや、突き詰めれば、一年だろうと三十年だろうと、死という究極的な〈ままならぬもの〉——私たちの人生の時間もまた、偶然の賜物である——を背負ったすべての人間の生は、比類なく悲劇的であり、同時にまた、比類なく尊い。投資と回収の多寡によって「神聖さ」を比較考量するという理性中心主義的発想によって、「生命の神聖さ」は感受されえない。私たちの生命・人生は、人間による計算を超出してしまっている。そこにこそ「神聖さ」の核心はある（ただし、その背後に、実体的・人格的な「神」を想定するつもりはない。それは、余計な「説明」なのである）。

2－3　生の歓待とは

ドゥオーキンの所説についてさらに批判を続けよう。彼の論の斬新な点は、権利や利益といった「正義」の問題のレベルでなく、人々の持つ「価値」のレベルから中絶問題を論じたことであるというのが一般的評価であるようだが、本稿の立場からは、生命・人生に対して「価値」という概念を適用することに異議を唱えたい。なぜなら、ハイデガーも言うように、「何かを「価値」として特徴づけることによって、まさに、その価値づけられたものが、自らの尊厳を剥奪される」[21]からである。価値の有無や多寡というのは、所詮人間によって判断されることである。「価値ある生命」という判断は一見生命を尊重しているようにも見えるが、生命を「価値判断の対象」へと貶めることによって、すでにその尊厳、神聖さを剥奪してしまっているのである。また、本来「価値」とは、交換可能・比較可能なものに対する概念なのであるから、その概念を適用してしまえば、生命が比較考量の対象へと貶められ、その神聖さを剥奪されるのは必然的なことなのである。

実は、こうした問題は、ドゥオーキンの主張のみならず、従来の関係論的主張が陥りやすい問題である。すなわち、従来の関係論において中絶の是非は「妊婦にとって胎児の存在は価値があるか否か」にかかっており、その存在に価値が認められた場合のみ誕生が許される。[22]関係論が、単なる相対論になってしまっているのである。しかし、生命の神聖さは、そうした妊婦の主観的な価値づけを超えたところにこそあり、能動的な判断以前のところで、すでに「関係」は成立してしまっているのだ。

また、マッキノン[23]やウエスト[24]といったフェミニストや選択的中絶擁護派などは、「女性が中絶をするのは、女性の利己的な理由によるものでなく、生まれてくる子ども（および他の関係者）を不幸にしないためである」と「関係性」を根拠に中絶を正当化しようとするが、勝手に他者の人生を不幸と予測したり不幸と価値評価して一方的に「他者の人生そのもの」を抹消してしまう資格など誰にもない。他者の生を勝手に同化し、その者の向き合うべき苦しみを勝手に取り上げてしまうような類の〈同-情〉は、ニーチェに倣って打ち殺してしまうべきである。

「生命の神聖さ」を尊重すること、すなわち「生を歓待する」こととは、その者の存在をあるがままにしておくこと、その価値を問うことなくそのままにしておくことである。中絶問題の文脈で言えば、「到来」する子ども——すなわち、成長のプロセスをすでに開始し、出産へ至ろうとしている存在者——を、健常児であろうと障害児であろうと、阻むことなく、そのまま来たらしめることである。

もちろん、相手の性質や行為を無条件に受け入れることは、私たち凡人には不可能であるし、そうすることが好ましくないことも多々ある。例えば、他人と友人や恋人として関係を結ぶかどうかは、相手の性格等が大きな判断要素となってくるし、専門職の選抜にあたっては、能力のより優れた者が採用されざるをえない。子どもの悪しき行為に対しては、厳しく叱りつけることも必要だろう。また、もし障害が医療の発達によって治療可能になった場合は、「障害は自分のアイデンティティである」などと頑なにならず、治療を受けるのも一つの選択肢だろう。

しかし、他者や自己が〈生きて在ること〉だけは、この社会において無条件に受け入れあうべきであるし、なんとか実現可能な段階にまで来ている課題ではないか（そのことを可能にする物質的豊かさも、今や私たちの社会には備わっているはずである）。こうした、いわば「存在論的な区別」を、私たちはもっと明確にしておかなければならない。現に、私たちの社会では、そうした区別がひどく曖昧であり続けている。すなわち、その人の性質や行為の否定が、すぐにそのままその人の存在の否定、すなわち「生への裁き」につながりやすくなっているのである。例えば、事業に失敗したから生きる「価値」がない、家族に迷惑をかけているから生きる「価値」がない、誰にも愛されないから生きる「価値」がない、野宿者だから生きる「価値」がない……などといった具合に。この社会が、少なくとも人間の存在（そして、できるだけ多くの生き物たちの存在[25]）を歓待する場とならなければ、私たちは自らの〈居場所〉も失うだろう。

3　関係論的観点からの中絶問題解決の展望

最後に簡単にではあるが、関係論的観点から、中絶問題解決のための大まかな方針を示しておきたい。具体的な医療・福祉・教育などの改革プランの提示は、今後の課題としたい。

3－1　子どもに対する連帯責任の自覚

まずは、さしあたり中絶を少しでも減らしていくための方針を示したい。

本稿の立場では、受精卵以降の存在者は、両親の結びつきから生じた存在者であるがゆえに、「子ども」とみなした。そして、その両親もまた、家族・親族をはじめとする社会のメンバーや、医療・福祉・教育といった社会制度とも密接に関係して生きている存在者であった。こうした関係論的視点からすれば、両親以外の社会の大人も、子どもの存在に対して責任を負わなくてはならない。例えば、出産・養育に対する社会的サポートが乏しければ、女性たちは中絶を「自己決定させられ」ざるを得ないだろう。また、十代の妊娠・中絶にしても、決して若者のみの責任ではなく、性を煽り立てる文化の在り方や性教育の不備等といった社会的背景があって起こっている問題である。

よって「私たち大人が社会全体で子どもを引き受け育てていく」という方向で法や制度を整備していくべきだろう。たとえ親が子を受け止めきれなくとも、他の大人たちが力を合わせて、その子を歓待する者となるのである。望まない妊娠をしてしまった女性に対して、「子どもの養育を社会に委ねる」という選択肢を社会が提供すれば、産む選択をする女性もいると思われる。さらに、このことは、少子化を愁う多くの人々にとっても悪い話ではないはずである――もちろん、多殖主義の称揚が本稿の目的ではなく、かつてのような国家による人口管理目的での中絶規制に賛成するつもりなどはまったくないが。

女性にとっても、「中絶の権利」を強く主張することによって責任を一身に背負ってしまう結果を招くよりも、中絶問題を社会全体の問題とし、大人の連帯責任としていくことは決して悪いことではないと思われる。こうした「子どもに対する連帯責任の自覚」は、出産後も、子どもへの態度として重要であり続ける。地域社会の崩壊もあって、母親のみに教育の責任を押しつけてしまっている昨今であるが、「子どもは社会全体で育てていくものだ」という自覚を大人は持たなくてはならない。また、教育ということに絡めて言えば、年間約六分の一もの胎児が中絶されているような現状は、教育上も望ましくない。そのような社会の中で、子どもたちに「生命の尊厳」など説いたところで、ほとんど説得力を持たないからである。

3－2　より根本的な解決のために

そもそも中絶問題が生じてしまうのは、「望まない妊娠」という結果をもたらしてしまうような男女関係を作り上げているからである。結局のところ中絶問題は、男女関係、そしてその背景となっている社会の問題に行き着く（よって、こうした関係論的視点においては、従来見逃されがちであった「男性の責任」の追求も不可避の課題となる）。こうした男女関係や性行為の在り方の問題は、「中絶の是非」という問題に直接には関係しないため、生命倫理学においては正面から取り上げられることは少なかったが、中絶問題の根本的な解決のためには避けて通れない問題である。

　将来、一〇〇パーセント確実・安全な避妊法が普及した場合は、男女関係の在り方と中絶の問題はとりあえず切り離して考えることができるのかもしれない。しかし、そもそも「相手の存在や子どもの生命を大切にする」という根源的な倫理が欠如している人間は、たとえ避妊法の知識を持っていたとしてもそれを実行する動機は弱いだろうし、「望まない妊娠・中絶」以外の性倫理問題（ＤＶやレイプなど）も引き起こし続けるだろう。それゆえ、避妊法中心の性教育の在り方には疑問を感じる。狭義の性教育にとどまらない「生命・人生の教育」の役割が重要となってくるだろう。

　本当に、現在のように毎年約一五万もの胎児の亡骸をコストにしてしか、男女は関係していけないのだろうか。自分の生も、異性の生も、子どもの生も否定しないような男女関係や社会の在り方の可能性を考えていくことこそ、いま求められていることである（この課題は、第5章において、改めて考察することにしたい）。

（1） 母体保護法において中絶が認められているケースの一つとして、「経済的理由によって母体の健康が損傷する場合」があるが、例えば「母体の健康に損傷を及ぼすのは、どの程度の経済状況なのか」などを判断する具体的な基準は定められておらず、また、妊婦の経済状況をチェックする仕組みもないため、実際は、「経済的理由」の名のもと妊婦の判断で自由に中絶が行なわれているのが日本における現状である。

（2） 妊娠・出産によって母体の生命が脅かされる場合やレイプされて妊娠した場合といったレアケースにおける中絶に関する現時点での私的見解は、注（25）の後半で述べている。

（3） C. Gilligan, *In a Different Voice*, Harverd University Press, 1982, C. A.MacKinnon, "Reflections on Sex Equality under Law," *Yale Law Journal*, vol.100, 1991, 田中美津『いのちの女たちへ』現代書館、二〇〇一年（一九七二年初版）を参照。他には、森崎和恵『大人の童話・死の話』弘文堂、一九八九年、山根純佳『産む産まないは女の権利か』勁草書房、二〇〇四年、も参照。

（4） cf., R. Hursthouse, "Virtue Theory and Abortion," *Philosophy and Public Affairs*, vol.20, 1991.

（5） R・ローゼンブラットは、中絶問題に関するインタビュー調査において「胎児は人格であるか」といった類の問題に関心を持っている人はほとんどいないのは興味深かったと報告している。こうした問題に言及するのは、職業上のアカデミックな文脈の中にいる者だけであり、容認派にせよ反対派にせよ、「大多数の人には、中絶は生命を、ある段階で奪うことになるという一般認識があった」（『中絶』くぼたのぞみ訳、晶文社、一九九六年、一八九‐一九〇頁）と述べている。確かに筆者自身の経験から言っても、生命倫理の講義で学生にディベートをさせたりレポートを書かせたりした場合、中絶論争に関して学問的な予備知識のない段階でパーソン論的な論点を持ち出す学生などほとんどいない。ちなみに、中絶を肯定するにせよ批判するにせよ、学生達がまず問題にするのは、妊婦や胎児の「幸福」である。

（6） 関係論的視点から中絶やヒト胚の扱いの問題を扱っている論文を挙げておくと、浜野研三「物語を紡ぐ存在としての人間――パーソンに代わるもの」『生命倫理学を学ぶ人のために』（加藤尚武・加茂直樹編）世界思想社、一九九八年、奥田純一郎「ヒト胚・生命倫理・リベラリズム」『思想』九六五号、岩波書店、二〇〇四年、土井健司「ヒト胚研究と妊娠中絶の是非」『思想』九七七号、岩波書店、二〇〇五年、等がある。

(7) 二〇〇七年にiPS細胞の作製に成功した山中伸弥は、その研究動機の一つとして、「受精卵に自分の子どもの姿が重なって見えた」ということを挙げているが、それは彼が科学者としての視座のみにとらわれることなく、「社会関係に埋め込まれた存在者」としての視点、特に「親」や「大人」としての視点も保ち続けたからだと思われる。

(8) 『ミリンダ王の問い (1)』(中村元・早島鏡正訳) 平凡社、一九六三年、一八一頁。

(9) F. Nietzsche, *Also sprach Zarathustra* (Kritische Gesamtausgabe, VI-1), Walter de Gruyter, 1968, S.25. ニーチェ自身は優生思想の持ち主であったが、彼の哲学における「生の全肯定」のコンセプトを透徹するならば、その優生思想は維持できなくなるはずである。この課題に関しては次章で詳しく論じたいが、いわば「弱さをも肯定していく強さ」を持ち得なかったことが、彼の優生思想への囚われの背後にあると私は考えている。

(10) 田口ランディ『生きる意味を教えてください——命をめぐる対話』バジリコ、二〇〇八年、一五四頁。

(11) 『梁塵秘抄』岩波文庫、一九三三年、六六頁。

(12) 例えば、R. Hubbard, "Eugenics: New Tools, Old Ideas," *Women & Health* 13-1/2,1987, A. Asch, "Can Aborting 'Imperfect' Children Be Immoral?," in: Arras and Rhoden, *Ethical Issues in Modern Medicine*, 1989 など。

(13) いまだ完全ではないにせよ、昔に比べれば国家権力も家父長制も弱体化してきている。フェミニストは「悲しいけど仕方のないこと」と中絶を正当化することに止まるのではなく、子どもを中絶することなく迎え入れることのできる社会や男女関係の在り方を積極的に提言することに、エネルギーを注ぐ重点を移し始めてもいいように思う(こうした試みについては、本書の第5章を参照されたい)。

(14) 加藤秀一は、こうした類の主張を〈非在者の騙り〉にすぎないと批判しているが(加藤『〈個〉からはじめる生命論』日本放送出版協会、二〇〇七年、一七六-一八五頁参照)、なにも中絶胎児の代弁を意図しているわけではない。加藤の批判は、結局のところ「私はあなたではないのだから、関係ない」と言っているにすぎないと思う。確かに「私はあなたではない」。しかし、そうだからこそ、私たちは決して届くことのない〈他者〉へと無限に思いを傾けるのである。

(15) こうした社会観は、九鬼周造が説くところの、偶然性の内面化がもたらす「間主体的社会性」に想を得ている(『九鬼

周造全集』第二巻、岩波書店、一九八〇年参照）。

(16) 竹内章郎『いのちの平等論——現代の優生思想に抗して』岩波書店、二〇〇五年、三六頁。

(17) vgl., M. Heidegger, Brief über den >>Humanismus<<, in:*Wegmarken* (Gesamtausgabe, Bd.9), Vittorio Klostermann, 1976, S.352-357.

(18) cf., R. Dworkin, *Life's Dominion*, Alfred A. knopf, 1993, pp.68-101.

(19) 大阪の芦原病院では一九九〇年代末から出産を選択する十代の妊婦の割合が増え始めたという。相談担当の看護師によれば、彼女たちは「過酷な体験をしながら自分の能力を総動員して周囲との関係や自分自身を再生しようとしているような人が多い」とのことである（『朝日新聞』二〇〇三年一月二十三日付）。

(20) 例えば、「浦河べてるの家」の人々の活動（斉藤道雄『悩む力』みすず書房、二〇〇二年、浦河べてるの家『べてるの家の「非」援助論』医学書院、二〇〇二年、などを参照）等を念頭に置いている。「弱さを絆に、苦労を取り戻す」「病気に助けられた人生」「降りていく生き方」『安心して絶望できる人生』「他者の評価からの自立」などといった言葉に、彼らの「人生の智恵」が遺憾なく表現されている。

(21) Heidegger, Brief über den >>Humanismus<<, S.349.

(22) 例えば、奈良雅俊「胎児の道徳的地位と尊厳の観点から見た人工妊娠中絶の道徳性」『医学哲学医学倫理』第二三号、二〇〇五年、など参照。

(23) cf., MacKinnon, "Reflections on Sex Equality under Law," pp.1316-1318.

(24) cf., R. West, "Taking Freedom Seriously," *Harvard Law Review*, vol.109, 1990, pp.84-85.

(25) 倫理的には、動物や植物を「殺す権利がある」などということはないし、物質に対してさえぞんざいに扱うことは許されないように私は感じる。しかし、私たちは自分たちが生きるために他の生き物を「殺さざるを得ない」し、物質を利用せざるをえない。これは、端的に生き物としての、人間としての「限界」であり、〈ままならぬこと〉なのである（しかし、現代日本における中絶の多くは、私たち大人が力を合わせれば回避できるはずである）。その人間の限界を認識したうえでなお、人間以外の存在者たちにもなるべく丁寧でありたいと願うことは、そんなに偽善的なことなのだろうか。生命保護を完璧に実行できないことを理由に（「病原菌も生かすべきなのか」などと）生命肯定派を冷笑する批判者たちは、「殺す権利がある」ということと「殺さざるを得ない」ということの相違に鈍感すぎるように思う。こうした相違は、「妊娠・出産によって母体の生命が脅かされる場合の中絶やレイプされて妊娠した場合の中絶」といった例外的な中絶の問題を考える際の重要なポイントになってくるように思われる。そうしたケースにおいてさえ、中絶することは「倫理的には」正しくないし、胎児を「殺す権利」などないと私は思う。例外的ではあるが、そうした困難なケースでも出産を選択する女性はいる。多くの人は、その女性に何らかの圧倒的な倫理性を感じざるを得ないであろう（もちろん、「愚かな女性だ」と思う者もいるであろうが、だからといって彼女を「倫理的に間違っている」とまで思う者は少ないのではないか）。それはおそらく、その女性の行為の中に、〈子どもの生に対する歓待、絶対肯定〉の力を感受するからであろう。ただし、法などによって出産が強制できるかといえば、やはり難しいと私は考える。私たち凡人には限界があり、私たちは悪を為さなければ生きていけないからである。要は、この問題は「正当化」の問題ではなく、人間の〈弱さ〉をどこまで認めるかという問題だと思われる。デリダも強調しているように、「絶対的な歓待」は不可能ではあるが、だからといって理論による正当化によって居直ってしまわないことが大切であるように思う（J・デリダ『歓待について』（廣瀬浩司訳）産業図書、一九九九年、九五−一五〇頁参照）。少なくとも、レアケースを持ち出すことによって大多数の中絶までも正当化するような論に対しては強く異議を唱えておきたい。

第4章 生の肯定vs.優生思想
——ニーチェ哲学を手がかりに

「ニーチェと優生思想」というと、一般的にはナチズムとの関係が真っ先に連想されるが、ニーチェ哲学を単純にナチズムと結びつけて切り捨てることが本稿の目的ではない。ニーチェ哲学それ自体は決してナチズムではない。例えば、人種主義、反ユダヤ主義はニーチェの思想にまったく合致しないし、初期の頃を除くと国粋主義もまた然りである。

しかし、ナチス的な歪曲を取り除いてニーチェ哲学を理解した場合も、ニーチェが優生思想の持ち主であることだけは否定しきれない事実である。特に後期になるほど、その優生思想の表明が目立ってくる。例えば、中期から後期の過渡期に位置する『悦ばしき学問』では、障害を持って生まれた子どもを殺すことが「聖なる残忍」として勧められている（vgl. FW.106）[1]。さらにニーチェの思想的晩年にあたる一八八〇年代後半ともなると、以下のような発言が散見されるようになる。

> 病人は社会の寄生虫である。ある状況においては、長生きするのは無礼なことである。（GD.128）

> 出産が犯罪となるようなすべての場合において――すなわち慢性疾患を持つ者、第三度の神経衰弱にある者の場合〔…〕、必要な要求は、出産を阻止するということである。〔…〕自分自身が存在する権利を持たない世界へ子孫を送り込むということは、生命を奪うよりも悪いことである。（VIII-3.15[3]）

これらの発言が示しているのは優生思想以外のなにものでもないし、ニーチェ哲学のこうした要素が、結果的に優生主義者たちを鼓舞し、後押ししてきたのは事実である。

ところが一方、周知のように、ニーチェは〈生の肯定〉を説く哲学者でもあった。病人や弱者の生を否定しておきながら、その一方で〈生の肯定〉を叫ぶなどといったことがはたして可能なのだろうか。そこには、やはり矛盾があると考える。すなわち、〈生の肯定〉の思想を徹底するならば、優生思想は維持できなくなるはずである。本稿では、ニーチェの思考における破綻を見定めつつ、〈生の肯定〉の思想の側に立脚して、ニーチェ哲学の「内部」から優生思想を打破する道を探っていく。

なぜニーチェ哲学の「内部」からの優生思想批判、すなわち「内在的克服」を本稿は試みるのか。それは、安直なヒューマニズム、人権礼賛の立場から外在的に優生思想を批判・糾弾するよりも、優生思想と〈生の肯定〉の思想の際どい境界線上で苦悩し思索し続けたニーチェに寄り添いつつ、その思想の限界と可能性に向き合うことによってこそ、私たちの生を本当に肯定するためのヒントを掴み出すことができるように思われるからである。私たちは、苦悩から多くの人生の真実を学びうる。周知のように、ニーチェ自身が虚弱な体質であり、病とルサンチマンにとことん苦しめられた人間であった。彼の哲学における優生思想および〈生の肯定〉の思想は、ともに彼自身の生の苦悩から生い茂ったものだったのである。

1　矛盾の原因

まず結論から述べる。ニーチェが〈生の肯定〉を説きながらも優生思想に陥るという矛盾に陥った思想上の原因は、彼の後期思想の体系全体から判断すると、「ニヒリズム克服の思想が堅持されなかったため、生を価値判断の対象とする態度から脱却できなかった」ということにある。

1-1　ニヒリズムと〈生の肯定〉

ニヒリズムというと、確かな拠り所を欠いている状態を意味すると一般的には考えられているし、現にニーチェもそうした意味合いでニヒリズムという語を用いている。例えば、「ニヒリズムとは何を意味するのか？——最高の諸価値が無価値になってしまうということ」（VIII-2.9[35]）というよく知られた定義においては、ニヒリズムはまさに従来拠り所としてきた価値が失われた状態、すなわち「価値喪失」のことを意味している。

しかし、ニーチェにおいてニヒリズムは多義語である。彼にとって最も根本的な意味でのニヒリズムは、端的に言えばプラトニズムのことである。ニーチェによれば、プラトニズムとは、超感性的世界・背後世界に最高の価値を設定して、それに照らし合わせて生を価値評価する姿勢のことを言う。ギリシャ哲学と並んで西洋の思想を形作ってきたキリスト教も、「神」という超感性的価値を設定して、そこから生を価値評価するという姿勢を共有しているがゆえ、「民衆のためのプラトニズム」（JGB.4）にすぎない。このプラトニズムが、ニーチェにおいてニヒリズムと呼ばれる理由は、プラトニズムは本来ありもしない「虚無」なる絶対的存在者や価値を捏造し、そこから生を意味づけようとする「虚無への意志」の発現であり、そこではこの生それ自体は否定されてしまっているからである（vgl.VIII-3.17[4]）。

ニヒリズムという語には、さらにもう一つの意味がある。それは、上記の「プラトニズムとしてのニヒリズム」とは正反対に、ニーチェ自身の思想的立場を指すニヒリズム、すなわち「あるがままの、割引もせず、例外も作らず、選択もしない世界そのもののディオニュソス的肯定」（VIII-3.16[32]）を内容とする「最高の肯定の定式」すなわち永劫回帰を主張する立場のことである。永劫回帰思想においては、従来生に価値を付与してきた「起源」（アルケー）と「終末」（テロス）は粉砕され、価値が徹底的に否定されることによって、この生成の世界は無垢なるものとしてそのまま肯定されるのである。

以上の三つのニヒリズムは、ニーチェの思想体系において内的連関を有すると解釈できる。まず最も根本的なニヒリズムが、プラトニズムとしてのニヒリズムである。これは、本来ありもしない「無」なる超越的価値を捏造すること、すなわち、最高の価値を生の外部に立てることによって、この生を肯定しようとする態度を指していた。しかし、キリスト教自身が育んだ「誠実性」の徳によって、絶対的価値の捏造性が否定できないものになることによって、価値喪失というニヒリズムが生じることになる（vgl.VIII-1.5[71]）。このニヒリズムは、いわゆる「神の死」すなわち従来信仰されてきた絶対的価値の喪失ゆえに、この生を否定的なものと感じてしまう傾向であり、もはや彼岸を信じることはできないが、そうかといって此岸も信じることができない状態である（vgl.VIII-2.9[60]）。このニヒリズムこそが、現代という時代を支配する空気であるが、ニーチェによれば、それはプラトニズムとしてのニヒリズムから不可避に帰結した「中間状態」にすぎない（vgl.VIII-2.11[100]）。ここで重要なのは、単にプラトニズムが没落したがゆえに、プラトニズムの対立物として、価値喪失というニヒリズムが生じたのではなく、実は、プラトニズムそのものが、イデアや神という無なるものに生の肯定の根拠を求め、生それ自体を否定していたという点で、すでにニヒリズムだったということである。

よって、現代における価値喪失のニヒリズムの蔓延は、ニーチェにとっては、決して全面的に否定されるべき事態ではない。このニヒリズムは、超越的な価値を設定し、そこから生の意味を引き出そうとするプラトニズム的世界解釈を解体するという点では、ニーチェにとって肯定的な意義を持つ過程であり、歓迎すべき事態でさえある。だからこそ、このニヒリズムは「一つの正常な状態」（VIII-2.9[35]）であるとニーチェは言っている。もちろん、それは「超越的な価値を根拠にこの生を肯定する」といった発想にいまだ囚われることによって、この生をそれ自体としては否定的なものとしてしか見ることができない「中間状態」にあり、そこに留まるべきではない。こうして、ニーチェ自身の立場を表わす徹底的で完全なニヒリズム、すなわち永劫回帰思想が要請されてくるわけである（vgl. VIII-2.9[1]）。「ニヒリズムを徹底する」とは、価値喪失というニヒリズム、すなわち中間状態のニヒリズムを徹底するということであるが、それは最高の価値を根拠にこの生を肯定するというプラトニズム的発想から完全に脱却し、この生を無条件に、根拠なしに、そのまま肯定するということである。その肯定は、単に自己の生のみならず、すべての存在者の存在へと向けられている。なぜなら、それらは互いに関係しあって初めて存在しているからだ。

> 厭うべきものそれ自体などは存在し得ない。およそ生起するもの一切は、それ自体として厭うべきものたりえない。なぜなら、私たちがそれを除いておこうというわけにはいかないからである。なぜなら、あらゆるものは一切は結びつけられているので、何か或るものだけを締め出そうと思うのは、一切を締め出すことになるからだ。（VIII-3.14[31]）

それが何であれ、およそ存在している限りは、無い方がましだと言われるようなものは何一つとして無いは

ずである。（EH.309）

以上のように「あらゆる生の無条件の肯定」へと導くところに、ニーチェにおけるニヒリズム論の要諦がある。(2)

1－2　価値評価の対象としての生

ニヒリズム＝プラトニズムでは、生は超感性的世界・背後世界にある外的な価値を根拠に初めて肯定されるのであり、生それ自体は否定的なもの、少なくとも二次的なものとされてしまっていた。しかし、生はあらゆる価値の産出の源（力への意志）であり、まさにそれゆえに、生それ自体はもはや価値評価の対象にはならない。換言すれば、遠近法の視点の存在それ自体は、遠近法の対象にはならない――眼は自らを見ないように。

> あらゆる価値評価は、この一つの意志に仕える結果であり、より狭い遠近法であるにすぎない。価値評価すること自体は、この力への意志にすぎないのだ。したがって、これらの価値のうちの一つによって存在を批判するのは不合理で誤ったことだ。〔…〕存在そのものを査定するということ。だが、この査定すること自体が、やはりこの存在なのだ――。したがって、私たちは否といいながら、相変わらず私たちのあるがままを行なっているのである……生を裁こうとするこのような不条理をまず洞察しなければいけない。（VIII-2.11[97]）

生成は価値というものをまったく持たないのだ。なぜなら生成には、生成を測定するためのなにものか、す

> なわちそれと関連して初めて「価値」という言葉が意味を持つようになるなにものかが欠けているからである。（VIII-2.11[72]）

生はそれ自体として無条件に、すなわち外的な価値評価なしに肯定されるべきものである。つまり、超越的視点から何らかの価値――たとえ肯定的なものであるにせよ――が付与されることによって生は肯定されるのでなく、そのままに肯定されなくてはならない。

しかしニーチェは、こうしたニヒリズム論の帰趨に反して、生を再び価値評価の対象へと貶めてしまっている。すなわち、プラトンやキリスト教ほど形而上学的ではないかもしれないが、外的な最高の価値――彼の古代ギリシャ的マッチョイズムへの偏愛やナポレオンなどの英雄崇拝に基づいた――を導入し、そこから生を価値判断し、人間を類型化している。「生に対する価値づけ」という発想の磁場に引きつけられるとき、後期における主要思想である「超人」「力への意志」そして「永劫回帰」は、生への暴力的な断罪の思想体系を形成し始める。そしてニーチェ哲学は、キリスト教も顔負けの誇大妄想へと陥っていくのである。

まず、「超人」は未来の人間が達成すべき「目標」として設定される――「「人類」ではなく、超人こそが目標である！」（VII-2.26[232]）。この超人が意味するところのものは、いわゆる「金髪の野獣」、生理学的強者、大地の支配者、未来の立法者とされる。そして、この超人という「最高の価値」に照らし合わせて、人間の生は選別され、断罪される。

> ひとりの人間がどんな権利を許されているかは、その人の価値が証明すべきである。〔…〕大抵の人間は、存在する権利がない。むしろ彼らは、より高級な人間にとって一つの禍いである。（VII-2.25[343]）

そして、「力への意志」は、もともと中期におけるモラリスト風の暴露的心理分析に端を発する概念であったが、後期に移行するにつれ、未来における統治者たる超人が弱者を支配し、その力を拡大することこそを善しとする規範概念としての意味合いを強めていく。

後期思想のこのような側面が、ナチズムを正当化する材料になってしまったことは、やはり否定しがたい事実である。妹エリザベートが、ナチズムにすり寄った『力への意志』という偽書を捏造することや、ナチス御用哲学者であるボイムラーが、力への意志の思想を偏重した解釈を施すことを通してニーチェ哲学をゲルマン民族のための「決断と行動の哲学」としてナチズムに取り込むことは[3]、さほど困難な作業ではなかったはずである。また、このような側面だけを見る限りは、ハイデガーのニーチェ講義において、超人が近代的主体の完成形態とみなされているのも[4]、首肯できる。超人は、近代的理性に秘められていた暴力性を顕在化したものでしかないのだ。

ニーチェにおける超人および力への意志の思想においては生が対象化され、あたかも価値評価が可能であるかのようなものになってしまっている。そこにおいて無垢なる生成は回復されておらず、プラトニズムとしての根源的ニヒリズムは解消されていない。すなわち、生は「あるべき理想」に基づいてその是非が定められるのであって、無条件に、すなわち価値評価なしに肯定されているわけではないのである。

そのことを証すように、あの「最高の肯定の定式」であったはずの永劫回帰思想までもが、「生に対する価値評価」という発想の磁場に引きつけられ、超人や力への意志の思想と連携するとき、生の選別手段として機能し始める。ニーチェは、永劫回帰思想を「ハンマー」に喩えているが（vgl.VIII-1.5[70], VIII-3.13[3]）、その比喩の意味は、ハンマーがものを壊すという役割と同時にものを創造する機能も持っているように、永劫回帰思想は、従来の価値を破壊すると同時に、新たな価値を創造するということである。この場合、永劫回帰思想は、生の無意味に耐えられない「弱者」と、その主体性によって恣意的に価値を創造することを「決断」できる支配者としての「強者」とを振り分ける装置として働くことになる。

ハンマー。恐るべき決断を引き起こすこと。ヨーロッパをして、その意志は没落を「欲する」のか否か、帰趨を決させること。（VIII-1.2[131]）

私の哲学は、あらゆる他の思考法が最後にはそれで徹底的に没落するところの、勝ち誇れる思想をもたらす。それは、育成する偉大な思想である。すなわち、この思想に耐えられない種族は断罪されており、この思想を最大の恩恵として受け取る種族は、支配者たるべく選び出されている。（VII-2.26[376]）

こうして永劫回帰思想は、皮肉なことに、ニーチェ流の「最後の審判」として、ある種の終末論的色彩を帯びてくる。キリスト教における生への裁きの思想を斥けるための思想であったはずの永劫回帰思想が、生に対する新たな断罪の思想の座を占めるようになるのである。永劫回帰思想というハンマーは「裁きのハンマー」でもあるのだ。さらに言えば、「将来、理想的存在者によって世界が救済されることを期待する」という点においては、超人思想はメシアニズムの一種であり、「人間を計画的に改良していく」という点においては、近代的な進歩思想の一種なのである。

1-3　優生思想はニヒリズムである

生を価値評価の対象とする姿勢こそ、ニヒリズムの本質であった。そうだとすると、優生思想もまた、ニヒリズムということになる。優生思想においては、生の外部に何らかの価値（自己意識や自立能力など）を設定し、その有無・多寡によって生は価値評価される対象となってしまっているからだ（現に優生学では、障害者のことを「低価値者」と呼ぶ）。

ニーチェはニヒリズム克服の思想を堅持することができなかったため、生を価値評価の対象とする態度から離脱できず、優生思想を呼び込んでしまった。ニヒリズム＝プラトニズムと優生思想は切っても切れない関係にある。このことを、西洋哲学史から簡単に確認しておこう。

まず、プラトニズムの創始者プラトンであるが、周知のように彼は優生主義者だった。彼によれば、人間の尊厳は超感性的なものである「魂」にあるのであり、身体などは重要でない。こうした身体蔑視の形而上学を背景に、彼は「生まれついての病気持ちで不摂生な者は、本人にとっても他の人々にとっても生きるに値しない人間」[5]であるとし、障害者のために医療を用いる必要はないと説くとともに、彼らの生殖の権利を否定している。

さて近代になると、「最高の価値」は理性に置かれるようになる。個人主義、主体主義の始まりである。近代哲学の代表者であり、リベラリズムの思想的基盤の提供者はカントであるが、個人の自由を最大限に尊重しているかに見える彼も、実は優生主義者であった。例えば彼は精神病者の婚姻規制に賛成して、こう言っている。

> 母体の胎児が成長していくのと同時に、精神異常の芽も成長していく。つまり精神異常もまた遺伝性のようである。そうした人物がただ一例でも以前にいたという家系の人と婚姻関係を結ぶことは危険である。[6]

カントにおいて自由が認められるのは、あくまで自立した者、理性ある者のみである。近代的な理性主義において、理性を持つ自立した者が、自立能力のない、理性を持たぬ者を「低価値者」として排除する構造がもたらされたのである。優生思想というと、一般的にはナチズムと重ね合わせてイメージされることが多いこともあって[7]、近代的理性に反する野蛮として受け取られているが、実は違う。そもそも断種法を世界で最も早く制定したのは「自由の国」アメリカであり、その実績をナチスは参考にしたという歴史的事実にも象徴的に表われているように、西洋のプラトニズム＝ニヒリズムの伝統に根ざす理性主義・合理主義がもたらした必然的結果の一つが優生思想なのである（現代のバイオエシックスにおけるパーソン論が、こうした思想的地盤から生い茂ってきたものであることは言うまでもない）。

そしてニーチェに至って、近代的理性に秘められた暴力性が顕在化する。彼の優生思想においては、「理性を有さない者」という限定さえ超えて、「超人」という理想に照らし合わせて「低価値者」と判断された弱者の生が否定されていく。そして、先述したように、ニーチェ哲学のこうした側面が、結果的にはナチズムへ思想的根拠を提供してしまうことになるわけである。ニーチェやナチズムにおける優生思想も、思想史の大きな流れから理解するならば、西洋におけるプラトニズム＝ニヒリズムの伝統の一支流に過ぎない。「何らかの外的な価値を設定し、生を価値評価の対象とする」という点においては、キリスト教、リベラリズム、ナチズム、これらはみなニヒリズムである。

ニヒリズムの克服を目指したニーチェが弱者に対して為すべきだったことは、本来ならば、弱者の「生」を否定することではなかったはずである。否定すべきは、「外的な価値に依拠して自己や他者の生を否定し、生の苦しみに向き合うことから逃避すること」という「弱さ」であって、弱者の「生それ自体」ではないはずである。外的な価値——それが神であれ、理性であれ、何らかの理想であれ——を根拠にしてしかこの生を肯定できないニヒリズムから脱却し、自分の生をありのままに肯定し、生の苦しみとも向き合っていくことへと他者を誘い、自らも実践していくことこそ、ニーチェが為すべきことだったのではないか。例えば、彼は、中期の頃から、自らの闘病体験に基づきつつ病をも何らかの利益を生にもたらすものとして積極的に受け止めていく姿勢を所々で表明しているが（vgl.MAI.190, MAII.158）、その発想をさらに思想的に洗練させ、病や弱点、欠陥と付き合っていくための〈生の技法〉へと高めていく道もあったのではないか。現に彼は、思想的晩年に当たる一八八八年春に、強者礼賛の思想を自省するかのような内容の断章も遺している。

> ひょっとしたら弱者や中級者の勝利には、生の、類のより大きな保証があるのではなかろうか？〔…〕——もし、強者が、すべてにわたって、価値評価においても支配者となったとしよう。弱者たちが病気や苦悩や犠牲に対してどう考えるだろうか、ということについて私たちはどう結論を出すだろう？　結果は弱者の自己軽蔑ということになるだろう。彼らは消滅し、自己抹消することを求めるだろう……。これは望ましいことであるだろうか？……／——そして、私たちは本当に、弱者の影響が、彼らの繊細さ、気配り、知性、しなやかさが見られなくなった世界を、望んでいるのであろうか？……（VIII-3.14[140]）

こうした発想を育み、弱者の生さえも肯定していくことこそ、苦悩をも含めたありのままの生に然りを言う「ディオニュソス的肯定」の哲学者には相応しかったはずである。それにもかかわらず、あまりにも西洋的な断罪の思想にニーチェは足をすくわれてしまったのである。

ニーチェの優生思想は弱者の生を否定していた。しかし、ニーチェ自身は、その病苦に満ちた人生にもかかわらず、最期まで——それこそ、精神的破綻に至るまで——生き抜いてみせたではないか。自らの強者礼賛の思想に本当に忠実に従うなら、病弱で年金暮らしの彼は、さっさと自死を選ぶべきであったはずである。もちろん、彼は生き続けてよかったのである——廃人になった後でさえ。問題は、彼の「思想」が彼の「生」を裏切ってしまっているということである。私たちは、この生を裏切らない仕方で、〈生の肯定〉の思想を紡ぎだしていかなければならない。

2　生を肯定するということ

外的に付与された価値――それがたとえ肯定的な価値であるにせよ――によってではなく、生をそのまま肯定するということが、ニヒリズム論の本来的意義であった。この節では、そうした本来的意義に忠実に沿い、優生思想に陥ることなく、ニーチェにおける〈生の肯定〉の思想の可能性を見出してみたい。その際、特に注目したいのは、〈子ども〉および〈中庸の人〉としての強者の在り方である。

2－1　〈子ども〉としての強者

金髪の野獣、生理学的強者、未来の立法者としての「超人」とは異なる、ニヒリズムの克服者、強者の姿としてまず注目したいのは、『ツァラトゥストラ』における〈子ども〉である。

> 子どもは、無垢であり、忘却であり、新たな始まり、遊戯、おのずから回転する車輪、第一運動、聖なる肯定である。（Za.25)

超人には、強力な主体性や恣意性が感じられるのに対して、〈子ども〉は、「忘却」という規定にも象徴されるように、むしろ脱自性を巧みに表現している譬えである。確かに、実際に幼子を見てみれば、彼らは強力な主体的意志で何らかの価値を「対象としての生」に付与することによって自己を肯定しているのではない。彼らは端的に、根拠なしに、おのずから自己の生を肯定しているにすぎない。それは自然の力そのものによって自己肯定していると表現してもよいかもしれない。ニーチェは一八八八年春の遺稿で「それ自体として、在るものすべては、然りを語っている」（VIII-3.14[31]）とも述べているが、確かに、生の肯定とは、なにも価値設定的な意志による肯定、それこそ「力んだ」肯定である必要はないのである。

ニーチェが言うように、確かに〈子ども〉は「新たな価値の創造者」ではあるが、彼らの「創造」は、主体による恣意的な価値付与のことではないだろう。芸術において、真の創造はむしろ創作者の計算を超えたところから訪れるものだということが古来言われているが、〈子ども〉による創造も、そうした根源的な受動性を特質とするものとして理解できる。

ニーチェの思想的後継者たちの中でもバタイユは、こうした脱自的な、価値設定的でない力の発現の仕方に非常に敏感な人であった。バタイユは、「力」を、フォルス（force）とピュイサンス（puissance）とに区別している。フォルスは、定めなさ、気ままさ、瞬間性を特質とし、決して持続的なものとはならない。それは、何ら目的を持たないという点で、無用とさえ言えるような性質のものである。一方のピュイサンスは、他なるものに影響を及ぼして、これを自分の意のままに変化させる作用であり、より多くのものを支配して所有し、自己を強大にしようとする働きのことである。ピュイサンスは、もともとフォルスをその源としているのではあるが、そこに理性が介在し、人間主体の存続・拡大のためにフォルスをピュイサンスに変えて運用しているのである。こうしたピュイサンスは、持続性・固定性を特質とし、目的を達成するための計算を行なう。バタイユによれば、このピュイサンスこそ、近代ヨーロッパにおける自然および他文明の支配を駆動したものにほかならない。それに対して、瞬間的なもの、無用なものであるフォルスは、社会や政治の場においては、むしろ「無力」

(impuissance)でさえある。このようなフォルスの強烈な発現は、何らかの目的を目指す企ての主体に、非主体化・非個体化を要請する。[8] これら二つの力のうち、バタイユが肯定しているのは、言うまでもなくフォルスであり、ピュイサンスへと転化することなしに、高い強度のフォルスが発現することを彼は望む。バタイユはニーチェの言う「力への意志」を「ピュイサンスへの意志」として非難しているが、先に述べたように力への意志は主体性の濃厚な概念であるがゆえ、こうしたバタイユによる批判も十分に根拠のあるものではある。しかし、〈子ども〉としての強者における力は、むしろバタイユのフォルスのほうに親和的である。

このような〈子ども〉における力の発現においては、永劫回帰もまた、主体的な決断と選別のための「ハンマー」であることをやめるだろう。〈子ども〉は「遊戯」や「おのずから回転する車輪」であるとニーチェによって規定されていたように、〈子ども〉における永劫回帰は、いかなる根拠も目的も有しない、ヘラクレイトス的な世界遊戯を意味するものとして理解できるだろう。[9]

2－2 〈中庸の人〉としての強者

私たち大人も、根源的には〈子ども〉である。大人の世界の様々な謀によって見失われてしまってはいるが、私たち大人の中にも〈子ども〉は生き続けている。ニーチェにおける〈子ども〉の譬えは、私たちの中に眠っていた根源的な生の肯定の力を呼び覚ましてくれるような譬えであるように思われる。

もちろん、私たちは単純に子どもに帰るわけにはいかないし、できもしない。私たちがあくまで「大人」として――根源的には内なる〈子ども〉の端的な肯定の力に基づきつつも――現実世界を生き抜いていくヒントも、ニーチェは遺してくれているように思われる。それは、以下の〈中庸の人〉としての強者像から読みとれる。

最強者であることが明らかになるのは、どのような人であろうか。それは、最も中庸の人々（Mäßigste）である。つまり、極端な信仰箇条を何ら必要としない人々、かなりの偶然、無意味を認めるだけではなく愛する人々。人間の価値をかなり減少させて考えることができ、そのときそう考えることで卑小になったり軟弱にならない人々。豊かな健康に恵まれ、たいていの不幸に負けることがなく、それゆえに不幸を恐れることがない人々（VIII-1.5[71]）

ここでは、「最強者」とは「最も中庸の人」のことであるとされる。それは、「極端な信仰箇条」すなわち神などの超越的価値から生の意味を引き出そうとしない人であり、それゆえに生に不可避な「偶然」や「無意味」を受け入れるだけでなく、それを愛する人――この愛には、明らかに「運命愛」に通ずるものがある（vgl.VIII-3.16[32]）――である。よって、最強者とは、プラトニスト（すなわち、根本的な意味でのニヒリスト）ではない。また「人間について考えるときに人間の価値を相当に減少させて考えることができ」るから、いわゆるヒューマニスト（人間中心主義者）でもない。さらに、その際に「卑小になったり、軟弱になったりしない」から、彼は、一般的な意味でのニヒリスト（すなわち、「価値喪失」に悩み苦しむニヒリスト）でもない。要するに、最強者の「中庸」とは、プラトニズムという意味でのニヒリズムに陥らないと同時に、そのプラトニズムの崩壊の結果として必然的にもたらされた「中間状態」としての価値喪失のニヒリズムにも陥らないという意味での「中庸」なのである。この点において、〈中庸の人〉は〈子ども〉と似ている。なぜなら〈子ども〉もまた、プラトニストでもニヒリストでもないからである。

「豊かな健康に恵まれている」――ここでの健康とは、もちろん単なる肉体的な健康ではなく、「不幸」に負けない力であろう。この「不幸」とは、理性によっては克服しがたい様々な生の偶然によってもたらされる自己の無力や病だとすると、「不幸」に負けない力とは、こうした「不幸」と向きあい、付き合っていけるという力である。この健康は、何らかの外的な価値に寄りかからなくても、自らの生を根源的なところから肯定していること、すなわち、あの〈子ども〉の生の端的な肯定の力に基づく。この根源的な健康ゆえ、生の偶然がもたらす不幸を必要以上に恐れる必要はないわけである。

上記の引用では、「中庸」というアリストテレス風の——ニーチェ哲学としては意外性のある——表現が用いられていることもあって、「超人」という言葉が通常もたらしがちな威勢のよい、エキセントリックな強者像が中和されている。例えば大乗仏教などでも、真の覚者は、ごく普通のありふれた人間として——いや、それどころか一般的価値観からすれば弱者や愚者や非生産者として、バタイユの言葉で表現すれば「無力」(impuissance) な者として——世間の中に生きているものだという見方があるが、ここでの強者像にもまた、そうした側面を見出すことができる。真の強者は、この市井の片隅にこそ見出すことができるかもしれない（このことについては、第11章も参照されたい）。

3　苦しみとともに生きる

障害を持ち、様々な悩みや苦労と向かい合いつつも幸福に暮らしている障害者やその家族はまさしく「中庸の人としての最強者」に当たるのでないか。障害を持って生まれてきたことは「偶然」にすぎず、その意味で障害者の生——および障害者を授かった親の生——は罪のない、無垢なるものである。それにもかかわらず、私たちの社会は、生を「価値評価の対象」にしてしまい、「障害を持って生きることは不幸だ」「障害者は社会の負担だ」などといった思考によって生を裁き、否定する態度からなかなか抜け出せない。一方、そうした社会からの否定への反動もあって、障害者運動においては「障害こそは私のアイデンティティだ」「障害児は天使だ」などといった類の主張に見られるように、「障害」に過大な「価値」を付与して生を肯定することによって抵抗がなされてしまうこともある。しかし、これらはどちらも生に対する「極端」な態度なのであり、ニヒリズムなのである（もちろん、運動の「戦略」としては、障害にプラスの価値を付与することも必要なのかもしれないが）。

本当の生の肯定は、そういった態度からはやってこないように思える。多くの障害者とその家族における生の肯定は、もっと端的で、自然なものに感じられる。障害も持ちながらも、その者の生は端的な自己肯定の力を放っている。その力に共振することによって、家族をはじめとする周囲の者たちは、「障害者は不幸だ」「障害者は社会の負担だ」などといった様々な偏見や効用の計算による「生への裁き」の姿勢が打ち破られていく。それは、家族をはじめとする周囲の者たちが、自分自身に対して行なってきた、様々な偏見や効用の計算による「生への裁き」から解放されるきっかけになり、彼らもまた自分自身の生を肯定する力を回復していくのである。障害児の親からは、様々な苦悩や苦労を抱えているにもかかわらず、「この子の存在が大切なことに気づかせてくれた」とか「生まれてきてくれてありがとう」といった趣旨の発言がしばしば聞かれるが、それらは必ずしも単なる強がりや綺麗事ではないと思われる。彼らの生への姿勢に、苦悩さえも含めたありのままの〈生の肯定〉[10]が表われている（例えば、社会福祉法人「浦河べてるの家」のモットー「順調に問題だらけ」「病気に助けられた人生」「安心して絶望できる人生」等にも、そうした生の肯定の在り方を見出すことができる）。彼らは、超越的な「神」ゆえでも、抽象的な「人権」ゆえでもなく、ただその子の生と、その子に出会った自分の生それ自体を端的に愛し、自らの生の偶然を享受しているのである。

（1）ニーチェの著作および遺稿断片からの引用・参照は *Nietzsche Werke, Kritische Gesamtausgabe*, hrsg. von Giorgio Colli und Mazzino Montinari, Walter de Gruyter, 1967ff, Berlin を用いる。著作からの引用箇所は、以下に示す略号・頁数の順で（　）内に記す。遺稿断片からの引用箇所は、Kritische Gesamtausgabe の巻数（ローマ数字）と分冊番号、断片番号の順で同じく（　）内に記す。

EH: *Ecce Homo* in: Kritische Gesamtausgabe, VI-3.

FW: *Die fröhliche Wissenschaft* in: Kritische Gesamtausgabe, V-2.

GD: *Götzen-Dämmerung* in:Kritische Gesamtausgabe, VI-3.

JGB: *Jenseits von Gut und Böse* in:Kritische Gesamtausgabe, VI-2.

MAI: *Menschliches, Allzumenschliches I* in:Kritische Gesamtausgabe, IV-2.

MAII: *Menschliches, Allzumenschliches II* in:Kritische Gesamtausgabe, IV-3.

Za: *Also sprach Zarathustra* in:Kritische Gesamtausgabe, VI-1.

（2）ニーチェのニヒリズム論に関しては、『存在肯定の倫理Ⅰ』第二章を参照されたい。

（3）vgl., A. Baeumler, *Nietzsche. Der Philosoph und Politiker*, Reclam, 1931.

（4）vgl., M. Heidegger, *Nietzsche II*（Gesamtausgabe, Bd.6.2, Vittorio Klostermann, 1997）, S.262-282.

（5）プラトン『国家』第三巻四〇八B。

（6）I.Kant, *Anthropologie in pragmatischer Hinsicht*（Werkausgabe, Bd.11, Suhrkamp, 1977）, S.533.

（7）優生思想は、必ずしもナチズムのように人種主義や国粋主義と結びついているわけではない。現に、本章の冒頭でも触れたように、ニーチェも優生思想の持ち主ではあったが、人種主義者や国粋主義者ではなかった。

（8）cf., G. Bataille, *Sur Nietzsche, volonté de chance*, Gallimard, 1945.（酒井健訳『ニーチェについて――好運への意志』現代思潮社、一九九二年）

（9）ニーチェ哲学によるニヒリズム克服の可能性に関しては、『存在肯定の倫理Ⅰ』第四章を参照されたい。

（10）B. Reginster, *The Affirmation of Life: Nietzsche on Overcoming Nihilism*, Harvard University Press, 2009（岡村俊史・竹内綱史・新名隆志訳『生の肯定――ニーチェによるニヒリズムの克服』法政大学出版局、二〇二〇年）は、特にニヒリズム克

服における苦悩の意義を強調している点で、重要な業績である。しかし、そのニーチェ解釈は、「子ども」「遊び」「笑い」「踊り」等の言葉に象徴されるようなニヒリズム克服の思想の軽快で非効用的な側面を十分に反映できていないように思われる。

第5章　望まない妊娠・中絶をめぐる〈生の倫理〉

人工妊娠中絶に関する論争においては、どうしても「中絶の是非」に議論が集中しがちである。しかし、「好き好んで中絶する女性などいない」ということ、すなわち中絶それ自体は決して望ましいことではないということは、たとえ擁護派であってもほとんどが認めるところである。ならば率直に、中絶という結果をもたらすような「望まない妊娠」を防ぐ道を探し求めたい――「中絶は必要悪なのだから仕方がない」などと軽々しく結論付けるのでなく――というのが本章の根底にある目的意識である。

中絶問題は、孤島のように単独で存在する問題ではない。それは、あくまでこの日常的な生の文脈の中で生じている問題の一つである。すなわち――考えてみれば当然のことではあるのだが――そもそも中絶などという行為が引き起こされるのは「望まない妊娠」という結果をもたらしてしまうような男女関係を作り上げているからである。中絶問題は、男女関係、およびその背景となっている総体的な社会関係の問題と深く関わっている。日本における「望まない妊娠・中絶」が男女関係や社会関係の中でいかに「生成」しているのかを歴史的視点から見てとること、そして最終的には、それらの関係が「変貌」しうる可能性を探ることが本稿の目的である。もちろん、紙幅の制限や私の学識の限界もあって、精密な論証は望むべくもない。しかし、今私たちに必要なのは、正確無比な航空写真ではなく、私たちが居る現在地と、そこから脱出するための方向がほのかに見えてくるような「手書きの地図」なのである。

さて、本稿の先行研究に位置付けられうるものとして、沼崎一郎や森岡正博たちによる「望まない妊娠における男性の責任」をめぐる一連の議論がある。それらに対して、簡単にではあるが、批判的にコメントしておくことによって、本稿の立ち位置を多少なりとも明確にしておきたい。

まず沼崎の論は、フェミニズムの側に立って男性に過大な責任を負わせるあまり、皮肉なことに、ある種のマッチョイズムに陥ってしまっており、むしろ女性の自立性を損なってしまうような危険性があるように思う[1]。本稿においては、男性中心主義、家父長主義は断固として斥けられるが、一方でフェミニズムに追従することもしない。対等な存在者であるからこそ、女性にも相応の責任の自覚・負担を求めていく。

次に森岡の論に関してだが、彼は「男性の性行為は大なり小なり暴力性をはらんでおり、人間の誕生とは、そうした暴力の結果なのだ」といった趣旨のことを述べている[2]。森岡には、男性の性自体を本質主義的に罪悪視する傾向が見受けられ[3]、キリスト教（例えばアウグスティヌス）に見られるような性欲罪悪論へと陥ってしまっているように思える[4]。私としては、性それ自体、ましてや人間の誕生それ自体を罪悪とはみなしたくない。本稿では、あくまでも自己の生を無垢＝無罪（Unschuld）なるものとして肯定し、享受することが目指される。性は自己の生の営みの大切な一部である。だからこそ、性に対しても畏れや慎ましさ、労りが必要なのであり、それは濫用されるべきでない、というのが本稿の立場である。

なお、沼崎らへの応答として、宮地尚子が優れた論を展開している。彼女は、「男性の責任」に実体性を持たせるために、「強制妊娠罪」「強制中絶罪」などの導入を検討している[5]。こうした法的議論も必要不可欠であり、早急な法制化が望まれるが、本稿の関心事は別のところにある。「学問的でない」「古臭い」と非難されるかもしれないが、法やルール、ガイドラインの問題ではなく、やはりまずは「生き方」の問題として倫理を探求したいのである。本章のタイトルが、「性の倫理」ではなく、あくまでも〈生の倫理〉である所以である。

1　日本における中絶の歴史の概観

少なくとも近世以降の日本における中絶（および間引きや子捨て）とは、大まかに言えば、家父長制的共同体の維持・繁栄のために行使される暴力であった。[6] すなわち、余分な数の胎児や私生児、障害児などを、共同体の「幸福」を守るため、共同体の外部へと廃棄することによって、共同体は稼働してきたのである。

家父長制的な伝統の中、女性は性行為に対して自主的に関与できない受動的対象として自己を形成してきた。女性が自己を肯定するためには、共同体の中で、男性に所有され、従属する「役割」を演じざるをえなかったのである。一方、男性は、共同体の中で、所有・支配する者としての「役割」を果たすことで自己を形成してきた。それゆえ、男性にとっての性は、女性に対する暴力的要素を少なからず含有せざるを得ないものとなり、こうした暴力性が、女性を「望まない妊娠」へと追いやることになる。そして、子どもの存在が共同体の維持・繁栄とそぐわぬ場合は、中絶（あるいは間引きや子捨て）が選択されるのである。ここには「暴力の連鎖」を見出すことができる。すなわち、家父長制における女性支配という暴力が、結果的に、子どもの存在の抹消という暴力へと連鎖しているのである。

以下では、もう少し具体的に、家父長制における中絶の歴史を概観しておきたい。

前近代に関しては史料が乏しく、実態の正確な把握は困難であるようだが、少なくとも民俗学の教えるところによれば、江戸時代には、「間引き」や「子おろし」などといった子どもの数の人工的削減が民衆の間で広く行なわれていた[7]。それらが実行される動機は、飢饉・旱魃時に急増することからもわかるように、基本的には「口減らし」であった。ただし、必ずしもこうした深刻な理由のみが「間引き」や「子おろし」の理由ではなかったようである。例えば、親の厄年に生まれた子は親を害するなどといった迷信、子どもの存在が農作業などの女性労働の妨げになること、家産の分割を回避すること、多胎児や障害児であること、生活水準を維持・向上させること等といった様々な事情から「子どもの削減」が行なわれていた[8]。いずれにせよ、子ども（および女性）は、家父長制的共同体の都合によって、その運命を左右されてしまう従属的存在者だったのである[9]。

　こうした家父長制における暴力の構造は、明治以降の、天皇を頂点とする国家という共同体においても妥当する。明治前期においては、武家社会から継承されたイエ制度のもと、家系の継続が至上命題となっていた。それゆえ、「蓄妾制」という事実上の一夫多妻制が、むしろ当時の倫理に適ったものとして、合法化されたのである。女性は、単に男性が性的欲望を満たすための道具であるのみならず、生殖のための道具として支配・管理されていたのだ[10]。明治後期になると、西洋の「恋愛」思想の影響もあって、蓄妾制は廃止され、一夫一婦制が徐々に普及していき、「イエ」が「家庭」へとゆっくりと移行し始める（そのピークは一九六〇年代あたりである）。しかし、一見個人を尊重しているかにも見えるこの制度も、歴史の大きな流れから見れば家父長制のシステムに組み込まれたものにすぎなかった。女性は、農作業に代表されるような労働からは解放され、「専業主婦」になっていき、そのことが夫婦のステイタスシンボルともなっていくわけだが、それは、サラリーマンとなった男性たちの生産活動を支える「再生産」活動へ女性を囲い込むことでもあった[11]。この明治後期は、帝国主義的傾向が加速し、優生思想が社会に広がり始まる時期である。それゆえ、女性たちには、優れた未来の国民を数多く産み育てる「良妻賢母」としての役割が何よりも期待されるようになったのである[12]。

ところが、敗戦を迎え、人口過剰に陥ると、一転して中絶は自由化され、国家レベルでの「口減らし」が始まる。相変わらず子どもは、人口管理の対象物であり、共同体によって生殺与奪の権利を握られた存在者だったのだ。こうした人口削減という国家的ニーズを背景に、主に医師とＧＨＱが――前者は中絶のもたらす経済的利益を独占するため、[13] 後者は人口爆発による再帝国主義化や共産主義化を防止するため[14]――「優生保護法」の成立（一九四八年）と事実上の中絶自由化をもたらした改悪（一九四九年、一九五三年）を促し、中絶という暴力のシステムの国家規模での構築・稼働を先導したのである。加えて、戦後においても、子どもは、国家共同体による「数」の管理対象であるばかりでなく、「質」の管理対象であり続けたことも忘れてはならない。すなわち、「国民優生法」（一九四〇年）によって「断種」という形で法的に認められた障害者への暴力が、戦後の優生保護法によってさらに加速していったのである。[15]

家父長制的国家という共同体は、大多数の女性を「産む道具」として「イエ」や「家庭」に囲い込み（一部の貧困層の女性は、売春婦という「性欲処理専用の道具」として搾取しつつ共同体の周縁に追いやり）、そして余分な数の胎児や私生児、障害児は外部へと廃棄することによって、稼働してきたのだ。

2 現代日本における性と中絶

2-1 性の肥大化 ――「性の解放」という桎梏

以上の歴史と対照しつつ、本節では、現代における性と中絶のあり方の特徴を明確にし、それに批判を加えていく。

まず現代日本における性のあり方の特徴として挙げられるのは、以前に比べて性が肥大化している、という点である。すなわち、家父長制の時代では、ムラ、イエ、国家、家庭といった共同体の中で自らの「役割」を果たしていくことによって承認を得ることが自己の存在価値の重要な拠り所となっていた。しかし共同体が解体していくにつれ、性それ自体が、自己の存在肯定の根拠としての重みを増していくのである。換言すれば、かつて自己肯定の根拠となっていた共同体の空位を、性それ自体が占めるようになったのである。

この移行は、明治期に西洋から輸入された「恋愛」思想が定着する一九二〇年代あたりから徐々に進行していたが[16]、共同体としての国家が急激に弱体化した敗戦後からさらに加速していく。ヴァン・デ・ヴェルデの『完全なる結婚』（一九四六年）やキンゼイレポート（一九四八年）がベストセラーになり、社会の中にセックスに関する言説が氾濫し始める。夫婦関係における性の快楽の追求、それを通した夫婦の和合が、表立って称揚されるようになる[17]。そして一九五〇年代には、日本の家屋の中に「夫婦の寝室」が設けられるようになっていく[18]。さらに一九六〇年代の「性の解放」が訪れると、恋愛や性は夫婦関係内に限定された営みであることを越えて、それ自体価値あるものとして自立していくわけである。そして一九八五年には、既婚女性による中絶が全体の五〇％を下回るようになり、中絶問題は徐々に独身者中心の問題となっていく[19]。

この一九八〇年代こそ、バブル景気を背景に、「恋愛・性愛至上主義[20]」が確立した時期である。すなわち、「恋愛やセックスをしなければ幸福ではない、まともな人間ではない」とでも言わんばかりに、雑誌、漫画、ドラマ、ポップス、小説等のメディアが恋愛や性を煽り立て、ファッション、レジャー、グルメ、クルマ、美容整形、ダイエットなど消費を促すことによって資本主義を稼働させていく社会が到来した。そうした時代の空気を如実に反映したのは、やはり若年層である。一九九〇年代半ば以降、十代の若者において初交年齢が早まり、経験人数が増加し[21]、その結果、十代女性の中絶率およびクラミジア感染率は倍増していった[22]。国際的に見ても、日本の若者は貞操観念が異様に低かった（特に女子は突出していた）[23]。そして、売春（「援助交際」、「パパ活」）の低年齢化やジュニアアイドル、チャイルドポルノの蔓延といった現象に見られるように、女子小学生までもが性的な主体・客体として駆り立てられ、用立てられる総動員の時代となった。

おそらく他の先進国も含めて、現代人においては、恋愛や性は、唯一とまでは言わないまでも、自己肯定の大きな拠り所となっている（なお、男性の場合、性と並んで依然として重要なのが「労働」という営みである）。恋愛やセックスのもたらす承認感覚や合一感（という幻想）こそが、現代人の大きな拠り所なのである。

せっかく家父長制は弱体化してきたのに、私たちは自由になれなかった。「私は愛されている、欲情されている、必要とされている」と、自己と他者に対して常に証明し続けなければならなくなった。現代社会におけるこうした重圧の強さは、例えば、「童貞」や「処女」であることに対する侮蔑的な扱われ方に表われていると思われる——いわゆる「ヤラハタ」（性交経験なしで二十歳を迎えること）という若者言葉には、そうした性的価値観が如実に表われている。歴史的に見て、（少なくとも日本では）「童貞」であることが社会から高い評価を受けたことはないようだが[24]、現在の自由恋愛のもとでは、男性個人にのしかかる重圧はより大きなものになっている。一方、「処女」であることは、かつての家父長制的社会では美徳とされてきたが、「性の解放」以降は、男性における童貞と同じように劣等感の対象になってきている。こうした重圧を、周囲の友人やメディアから受け、少女たちは性行為へと走ってしまうようになったわけである（「高校のときは、クラスの子がほとんど［処女］喪失をしてて、そうなると、自分だけが子どもみたいに感じて、「こりゃ早くやっとかないと」と思った[25]」、「私の世代［一九七〇年代初め頃生まれ］にはマンガや小説の影響もあってか、いつまでも処女を持ってるのはかっこ悪いっていう雰囲気があったんです[26]」）。一九九〇年代から社会問題になり始めた援助交際にしても、こうした風潮と無縁ではないと思われる。例えば少女たちが援助交際をする理由として挙げるのが最も多いのは、もちろん「金銭の獲得」であるが、これのみが必ずしも理由ではないと思われる。自己肯定感の低い少女たちは、「男性の欲望の対象」となり、金銭を獲得することを通して、自分の存在価値を確かめようとしているのである[27]。このように単に金銭目的ではなく、自己肯定目的のケースもあるという点が、かつての売春との大きな違いである。加えて、彼女たちは、かつての売春婦のような周縁的存在者ではなく、どこにでもいる「普通の子」であるという点も、現代の売春の特徴の一つである。さらにまた、こうした性的承認への渇望が、一九九〇年代後半以降、ケータイ・スマートフォンのような情報テクノロジーを社会に召喚し、それに若者が翻弄される一つの背景ともなっている[28]（SNS依存、出会い系サイト絡みのトラブルなど。第8章も参照されたい）。

ただし、「青少年の性行動全国調査」によれば、特に二〇一〇年代から、若年層における恋愛・性行動の不活発化が見受けられるようにはなっており、いわゆる「草食化」を裏付ける調査結果が出ている[29]。その要因の一つとして、「恋愛・性の格差化」が考えられる。要するに、「一部のモテる人間はますますモテるが、大多数のモテない人間は徹底的にモテない」状況に変化したのである。恋愛相手の選別基準が高くなり過ぎたため、恋愛市場から自主的に「撤退する」者が増えてきた（以上のことに関しては、第6章**2**も参照されたい）。そして、撤退した者たちの一部は、アイドルやアニメのキャラなどとの疑似恋愛市場に吸収されていると思われる。恋愛・性は、一部の恋愛エリートの嗜好品となってきている。こうした現状は、「望まない妊娠・中絶」の「数」の減少につながるという点に限っては、本稿の立場にとって望ましいとは言える。しかし、「数」が減りこそすれ、恋愛エリートたちのあいだでは、「望まない妊娠・中絶」は相変わらず問題であり続けると予想される。

現代社会は、性的魅力の高低で自己や他者の存在・人生を価値評価し、互いにプレッシャーを与え、挑発し合うような社会になってしまっている[30]。「性の解放」は、結局のところ人間を解放するものではなかった。「性の自由」の名のもと伝統に抵抗することによって、現代人は「性」により深く取り込まれてしまったのだ。性への深い囚われが、女性から真の自尊心、自己への配慮を奪い、結果的には、不誠実な男性たちに弄ばれる隙をもたらしてしまっている（また、そうした隙だらけの女性が、不誠実な男性を育て上げ、野に放ち、他の女性を危険へと陥れてしまっているという側面もあるだろう）。「自己に配慮せず、男性にとって都合の良い道具にされる」という傾向は、ピルをはじめとする避妊テクノロジーへの過度の依存によって、より促進される危険性もある[31]。女性の「中絶の自由」にしても、不誠実な男性たちにとっては実に好都合なことなのかもしれない（「子どもができたって？　俺は関係ない。君の自由にするといい」）。

さて、以上のような性の肥大化を生命論・身体論的見地から考察した場合、性の肥大化と連動して「生命・人生・自己の多面性」がますます見失われているように思われる。すなわち、生とは本来ならば、性のみならず、「死ぬ」「老いる」「病む」「食べる」、そして「生まれる／産む」「育てる」といった様々な営みから成っている。しかし現代社会においては、「死」はますます自己とは無関係なものとして、心理的にも物理的にも生活の外部へと放逐され、病院とホスピスで処理される営みとなっている（なお、中絶もまた、私たちが隠蔽したがる「死」の一つである）。また「老い」もますます嫌悪され、アンチエイジング市場を栄えさせている（老いというものが一般に性的魅力を奪っていくものであるということも、忌避される大きな一因となっていると思われる）。老いの智恵を磨きあげることもなく、新しい世代の人たちのことを配慮するどころか搾取の対象として扱うような老人もいる。「病」も然り。人間はすでに病んだ存在者、すなわち何らかの「弱さ」を抱え持った不完全な存在者であるが、その自覚がないから、自分の「弱さ」を受け入れ、なんとか付き合っていく技を学ぼうとしないし（例えば、完全さ・健康さへの過剰な執着）、何より他者の「弱さ」に対して辛辣なのである（例えば、障害者や「恋愛弱者」への差別など）。また、「食」という営みを全面的に市場原理に委ねることが、自然を破壊したり、不必要なまでに多くの動物たちを殺害したり、第三世界の人々を搾取してしまう結果を招くのみならず、時に私たち自身の生命さえ脅かすことは、ようやく近年学ばれ始めている。

性と密接に関係している「生まれる／産む」「育てる」という生の営みにしても、そうである。「新たな人を迎え、育てていく」という歓びが享受されることは少なく、カップルは性の営みのみに耽溺している――その姿は、失われた生命の力を性の営みだけから無理やり引き出そうとしているようにも見える。性の営みを行なえば、多くの場合、生命の自然な流れとして「生まれる／産む」「育てる」という営みが付随してくるのに、あたかもそんなものは自分には無関係かのように、それどころか忌避すべき災難かのように捉える。それゆえ、妊娠した場合は「被害者意識」でいっぱいになってしまうのである。トムソンのヴァイオリニストの譬え[32]に典型的に見られるように、中絶擁護派の主張には、「妊娠というのは、女性の与り知らぬ間に、勝手にしてしまうものだ」ということが、あたかも自明な真理のように前提とされていることが多いが、その根底にあるのも、この「被害者意識」であると思われる。若者の間でも、「生まれる／産む」「育てる」という生の営みへの関心は薄く、性行為さえすれば「大人」になれるという勘違いが蔓延している。

プロチョイス派は、中絶が罪悪視されるようになった原因を、医療技術の発達に伴う胎児の可視化などに求める傾向が強いが、必ずしもそうした構築主義的な要因だけにとどまらず、身体論的観点から見れば、「自己の身体感覚に敢えて逆らうことに対する気分の悪さ、不快感」が罪悪感の根底にあるのではないか[33]。すなわち、妊婦の理性は「望まない妊娠である」と判断している場合でさえ、妊婦の〈身体〉は、今まさに胎児を生かさしめ、迎え入れ、成長させようとしている。中絶とは、そうした身体の発する〈生の肯定の力〉に逆らった行ないなのである[34]。フェミニストは「女性の身体は女性のものだ」と主張するが、そこでの身体は依然として理性主体による「所有・操作・支配の対象」であるにすぎず、彼女たちの身体は固有の尊厳を認められておらず、真に生きられていないのである[35]。

とにかく、私たちの社会においては、性（および労働）以外の生の営みとの付き合いは投げ出されてしまったかのごとくである。おそらく、それゆえに私たちは性（および労働）とさえ上手く付き合えず、それらに翻弄されるばかりで、それらを本当に享受することができなくなっているのだ。すなわち、性および労働は、生命の溌剌とした発現ではなく、虚栄心を満たすための装身具や虚しい苦役になり下がっているのである。「多面体としての生」の放つ尊厳は見過ごされ、自己は全人的にケアされることなく、性によって占領される。性が突出した、いびつな人生観・人間観の到来である。

2－2 女性の暴力主体化——肥大化する権利意識

こうした「性の肥大化」と連動して、男性のみならず女性も暴力の主体として形成されていった。すなわち、女性が男性と同じ土俵に上がって「性の権利」を強く主張することによって、家父長制における男性の悪しき部分であった暴力性までも自らの内に継承してしまったのである。家父長制的共同体においては、男性による女性への暴力（一方的な性交や経済的支配など）が、結果的に中絶という胎児への暴力に連鎖していた。一方、現代社会においては、「権利」の名のもと女性たちは、計らずも、無責任な男性たちと一緒になって胎児に暴力を加えている。今や胎児の生殺与奪の権利が女性にも分有されたのである。

そして、生命倫理学者やフェミニストが中絶を正当化する理論を、宗教者が「水子供養」を提供し、カップル（および医師）の罪悪感を軽減・無化することによって、この新たな暴力システムに潤滑油を差し込むのだ。現代日本人にとって、恋愛やセックスという至高の価値を手にするためなら、年間約一五万の胎児の犠牲などは「悲しいけど仕方のない」コストなのである（いわば「恋愛教」と「人権教」のシンクレティズムこそが、現代日本における巨大な「宗教」である）。一九九〇年代あたりから、水子はかつてのような「たたる怨霊」ではなく、カップル（あるいは女性）を見守ってくれている「守護霊」として意味づけられる傾向が見られるというが[36]、どこまでも都合の良い物語化であるように私には感じられる。また、二〇一〇年代に若い女性のあいだでブームになった「ケータイ小説」においては、中絶をはじめ、流産、レイプなどがあたかも恋愛を盛り上げるためのスパイスのような役割を担わされていることが多い。新たな暴力システムの中では、すべてが恋愛の彩りとして消化されていく。「中絶した女性だって罪悪感に日夜苦しんでいるのだ」と擁護するフェミニストもいるが、中絶経験者の約三割は、二回以上中絶したことのある「リピーター」である[37]。

　中絶擁護派が言うように、「中絶カップルにもそれぞれ事情がある」のだろう。しかし、常識的に考えて、毎年約一五万人（妊婦の六分の一にあたる）もの女性――もちろん実際はそれ以上の人数である――が、そこまで深刻な事情（レイプによる妊娠や生活していけないほどの貧困など）を抱えているようにはどうしても思えない。一般に中絶理由として挙げられることが多いのは、「未婚である」「経済的理由」「仕事との両立が困難」あたりである。他にもいろいろな理由があるのだろう。それらの理由の一つ一つについて詳細な反論をする暇はないが、とにかく理由は何であれ、子どもを産めないような状況にあるのなら、避妊すべきであるし、避妊だって一〇〇％確実ではないのだから、性交自体するべきではない。それにもかかわらず、カップルは性交を最優先したのだから、妊娠した場合は当然彼らは何らかの責任を負うべきである。「中絶カップルにも事情がある」で済まされるのなら、どんな悪事も許されてしまうことになる（例えば殺人や窃盗という犯罪を行なった者たちにも、それぞれに事情はあったことだろう）。

　本当に子どもの存在を大事に思っているのなら、極論に聞こえるかもしれないが、「子どもを捨てる（なるべく発見されやすい場所に）」といった選択肢さえあったはずである。もちろん誉められたことではないが、それでも中絶するよりは倫理的にましな行為であると私は思う。率直に言って、現代日本における中絶の事例の大多数からは、「とにかく、子どもの存在を（そして自分たちの過ちも）、〈そもそも最初から無かったこと〉にしたい」という徹底的な存在抹消の意志を強く感じる。[38]

　結局のところ、暴力によって子どもが犠牲になり続けているという点においては、家父長制全盛の時代から相変わらず何も改善していない。女性には、暴力的な男性原理に取り込まれることなく家父長制と戦っていく道もあったのではないか。すなわち、「女性にも男性と同じように自由にセックスさせろ」などと要求するのではなしに、むしろ男性側にも「節制」を要求してもよかったのではないか。[39] また、「中絶する権利」を主張するよりも、望まない妊娠をもたらした男性の責任の厳しい追求や、胎児の生命の保護と養育・教育のサポートを社会に対して要求していくことこそ、女性たちが本来やるべきことなのではないか。つまり女性がようやく手にした権利を行使すべき相手はあくまでも国家や男性なのであって、罪のない胎児ではないはずである。権利を盲目的に、無際限に振り回すべきではない。

　アメリカ由来のプロチョイス的立場は、原理主義的、イデオロギー的という点ではプロライフ派と同じ穴の狢である。思想史的観点から言っても、「権利」であれ「神」であれ、両者はともに西洋独特の形而上学・神学を背景にしてしか生じえなかった概念である。[40] 例えば『独立宣言』では、「権利」はもともと「神」によって付与・保障されているのだ。世俗化が進み、キリスト教との直接的つながりは弱くなったものの、「権利」という概念は、一神教的な神の超越的権威をそのままその内に継承しているのである。[41] プロライフ派とプロチョイス派の終わりなき不毛な抗争は、いわば西洋形而上学における「内紛」なのである。

3　〈独り行く者〉たちの連帯

最後に今後の探究の方向性だけでも示唆しておきたい。

いま私たちに必要なのは、神や権利＝正義（right）といった普遍的・抽象的な男性原理を振りかざすことではなく、現に生きて在る自己と他者たちに配慮（care）することを通して、私たちの真の居場所（エートス）を空け広げることである。それこそが、暴力的な男性中心主義を根本から撃つことにもつながるだろう。

その居場所は「共同体」でも「恋愛関係」でもないだろう。それらの暴力性・排他性は、本稿で見てきたとおりである。今後の社会構想においては、独り行く者、単独者を基本ユニットと考えなければいけない。家族や恋愛それ自体を否定するわけではないが、決して忘れてならないことは、たとえ夫婦や親子であっても、あくまでも各々の人生を歩んでいる「他なる者」同士、単独者同士であるということである。相手を同一化することなく、適切な〈距離感〉を持って接するのだ――「君子の交りは淡きこと水の若く、小人の交りは甘きこと醴（甘酒）の若し」（荘子[42]）である。「他者との距離感の無さ」こそが、中絶のみならず、ＤＶや児童虐待などの暴力を呼び込んできた。恋愛や家族愛、共同体への愛などの同一化作用のもたらすまどろみ、その甘美な夢の中に居直ってはいけない。愛に恵まれた者たちが抱いてしまいがちな傲慢と鈍感を注意深く避けねばならない。同一化すべき拠り所など、もはやどこにもない。しかし、独り行く（逝く）者が抱え込まねばならない寂しさや悲しさ、孤独こそが、ケアする心や慈悲といったもの――それらをもはや「母性愛」などとは言うまい――を育んでいく土壌となり、逆説的な連帯を可能にするかもしれない[43]。たとえ障害者であろうと、性的弱者であろうと、同性愛者であろうと、不妊であろうと、個々の〈存在〉を肯定し合っていくことにこそ、私たちの真の自由の証がある。すなわち、自由とは、近代的な個人が「権利」の名のもと自らの意のままにするということではなく、より根源的には、各々の〈個（孤）〉が〈個（孤）〉なるがままに許されて〈在る〉ということである。もちろん、赤子という〈新たに到来する個〉もまた、許されて〈在る〉ことは言うまでもない。

（1）沼崎一郎「〈孕ませる性〉の自己責任――中絶・避妊から問う男の性倫理」『インパクション』一〇五号、一九九七年、『なぜ男は暴力を選ぶのか』かもがわブックレット、二〇〇二年、など参照。

（2）森岡正博「膣内射精性暴力論の射程：男性学から見たセクシュアリティと倫理」『倫理学研究』三八号、二〇〇八年参照。

（3）また、男性の身体を不浄視する傾向も見受けられる（森岡『決定版　感じない男』ちくま文庫、二〇一三年、第五章参照）。

（4）さらに、その結果、暴力からの解放を生殖テクノロジーの活用のうちに求めるというファイアストーン的極論に陥っている（森岡がどこまで本気なのかは測りかねるが）。

（5）宮地尚子「孕ませる性と孕む性――避妊責任の実体化の可能性を探る」『現代文明研究』一号、一九九八年参照。

（6）近世における「家父長制」は主に武家に見られるものであって、農・商家においてはその重圧は弱いというのが通説だった。しかし、近年の女性史・ジェンダー史研究においては、家父長制を「父系の年長者による若年者の支配、および男性による女性の支配」と再定義することによって、近世社会全体を家父長制的とみなす見解が有力となっている（「家父長制」『日本女性史大辞典』吉川弘文館、二〇〇八年、一七二―一七三頁参照）。本稿では、その見解に依拠することにする。

（7）前近代において中絶が当然のこととして行なわれていた事実を殊更に強調することによって中絶を擁護する論調が、日本のプロチョイス派には根強い。しかし、人類学の教えるところによれば、ある未開社会においては、中絶や新生児殺しは見られない（B・マリノウスキー『未開人の性生活』（泉靖一他訳）新泉社、一九七一年参照）。また、性交頻度が近代人ほど高くないなどといった理由から――人類学者にも明確な理由はわからないようだが――未開社会ではそもそも受胎率そのものが低く、人口の純生産率は、自然にほぼ一・〇におさえられている（決して多産多死ゆえではない）（上野千鶴子『家父長制と資本制』岩波書店、一九九〇年、二三一―二三三頁参照）。こうした事実は、私たち人間の社会にとって、中絶が「必要悪」などではないという可能性を垣間見せるものである。

（8）太田素子「「子返し」をめぐる言説」『〈いのち〉と家族』（太田素子・森謙二編）早稲田大学出版部、二〇〇六年、一二四―一二八頁参照。

（9）一九九〇年代に、知識人たちによって江戸期における性のあり方が「自由恋愛」として美化される論調が見られたが、やはり実際のところは家父長制的な性のあり方だったようである。例えばムラにおける「夜這い」は、必ずしも自由恋愛などではなく、若者宿が娘宿を統制したり、娘は夜這いを拒否できなかったり、望まない妊娠をして私生児を生んだり堕胎をしたりするケースもあったという（岩田重則『ムラの若者・くにの若者――民俗と国民統合』未來社、一九九六年参照）。

（10） 加藤秀一『〈恋愛結婚〉は何をもたらしたか』ちくま新書、二〇〇四年、六三－六五頁参照。

（11） 上野『家父長制と資本制』、五八－五九頁参照。

（12） 良妻賢母思想の成立については、小山静子『良妻賢母という規範』勁草書房、一九九一年を参照。

（13） T・ノーグレン『中絶と避妊の政治学――戦後日本のリプロダクション政策』（岩本美砂子監訳）青木書店、二〇〇八年、六九－八七頁参照。

（14） 荻野美穂『「家族計画」への道――近代日本の生殖をめぐる政治』岩波書店、二〇〇八年、一四三－一五一頁参照。

（15） 松原洋子「母体保護法の歴史的背景」『母体保護法とわたしたち』（齋藤有紀子編）、明石書店、二〇〇二年参照。

（16） 荻野『「家族計画」への道――近代日本の生殖をめぐる政治』、七六－七七頁参照。

（17） 同前、二三〇－二四一頁参照。

（18） 西川祐子『近代国家と家族モデル』吉川弘文館、二〇〇〇年、四八－五二頁参照。

（19） ノーグレン『中絶と避妊の政治学――戦後日本のリプロダクション政策』、一八頁、註（18）参照。

（20） 一般的に「恋愛至上主義」という表現が多用されているが、性交なしの恋愛（いわゆるプラトニック・ラヴ）は絶滅したように思われるので「性愛」という語も付加した。一方、「性愛至上主義」という表現を採用しなかったのは、「愛さえあればセックスしていい」という現代の若者における標準的な性倫理や、いわゆる「本命」と「遊び」の区別などからもわかるように、「恋愛」という要素も残存しているからである。

（21） 具体的なデータをいくつか提示しておくと、二〇〇二年時点で、東京都の高校三年生の性交経験率は、男子が三七・三%、女子が四五・六%に達し、男子は十年前の約一・五倍、女子に至っては二倍以上に上昇した。また、ある地方における高校二年生の性交経験者のそれまでの性的パートナー数は平均三人に及んでいた。さらに「これまでの性交の相手がお互いに一人だけ」という十代カップルは一七%にとどまっていた（木原雅子『10代の性行動と日本社会』ミネルヴァ書房、二〇〇六年参照）。

(22)　十代の中絶率は、二〇〇一年をピークに徐々に減少傾向にはある。

(23)　㈶日本青少年研究所が二〇〇四年二月に発表した「高校生の生活と意識に関する調査　日本・アメリカ・中国・韓国の四カ国比較」によれば、「結婚前は純潔を守るべきである」という問いに、「あまりそう思わない」「全くそう思わない」と答えたのは、日本の男子五九％・女子七〇％、アメリカの男子四三％・女子三六％、中国の男子二五％・女子二二％、韓国の男子二八％・女子二三％、となっている。

(24)　渋谷知美『日本の童貞』文春新書、二〇〇三年、小谷野敦・押野武志・赤川学「童貞論」『文學界』二〇〇三年八月号参照。

(25)　千木良悠子・辛酸なめ子『だれでも一度は、処女だった。』理論社、二〇〇九年、五〇頁。問題の性質上、未成年の性体験に関する質的調査はなかなか困難である中、五十名以上の女性へのインタビューを収録した本書は、中高生向け書籍ではあるが、貴重である。その内容も、決して興味本位のものでなく、良心的である。現代女性が性体験へと煽りたてられている様子がよく表われている証言が多々見受けられるので、参照されたい。

(26)　千木良『だれでも一度は、処女だった。』、一一六頁。

(27)　尾木直樹・宮台真司『学校を救済せよ』学陽書房、一九九八年、一七二－一七三頁参照。

(28)　若者におけるケータイの利用頻度と性行動の活発度には、明らかな相関関係が見られた（高橋征仁「コミュニケーション・メディアと性行動における青少年層の分極化――携帯メールによる親密性の変容」『「若者の性」白書――第6回青少年の性行動全国調査報告』（㈶日本性教育協会編）小学館、二〇〇七年参照）。

(29)　林雄亮編著『青少年の性行動はどう変わってきたか』ミネルヴァ書房、二〇一八年参照。

(30)　こうした恋愛・性愛の社会規範化は、フェミニズムにおいても、「ラブ・ハラスメント」として告発されている（金井淑子「講義の七日間」『岩波応用倫理学講義5　性／愛』、岩波書店、二〇〇四年、四一－四二頁参照）。

(31)　避妊技術によって妊娠が安全に一〇〇％避けられるようになったとしても、安易にセックスすることは果たして望ましいことなのだろうか？　想像してみよう――自分の子どもや教え子に「ピルさえ飲めば、誰とでも好きなだけセックスしていいよ」なんて言う大人がいるだろうか。少なくない大人が躊躇することだろう。この戸惑いの理由を私なりに表現すれば、やはり子どもたちには、丁寧に時間をかけて男女間の〈距離〉を詰めていってほしいと願うからである〈適切な〈距離感〉

を持つことは、望まない妊娠のみならずデートＤＶや性感染症などの他の性倫理問題を回避するための基本であろう）。セックスを、あくまでも人間関係・男女関係の一部として位置付けてほしいのである。私は避妊技術の普及それ自体に反対しているわけではないが、それで万事が解決するわけではないということを強調したい。いくら避妊技術が普及し、性教育によってその「知識」を有していたとしても、それだけでは「実行」にはつながらない。なぜなら、胎児の生命や相手のことを大切に思わないような人間は、そもそも避妊などする「動機」が弱いからである。実際に、現時点でもピルはまったく入手不可能なわけではないし、他の避妊手段もあり、昔に比べればはるかに恵まれた環境にある。それにもかかわらず、少なからぬ人々は避妊を実行しない。こうした人々は、結局はセックスを最優先にし避妊の少々の面倒さえ厭う程度の倫理観しか持っていないのである。

（32） cf., J. Thomson, A Defense of Abortion, *Philosophy & Public Affairs*, Vol. 1, no. 1, Princeton University Press, 1971. (Reprinted in *Intervention and Reflection: Basic Issues in Medical Ethics*, 5th ed., ed. Ronald Munson,Belmont; Wadsworth, 1996).

（33） また、日本の中絶擁護派は、前近代では中絶は罪悪視されていなかったことを殊更に強調し、罪悪感は為政者のイデオロギーの押し付けによって「作られたもの」であるにすぎないと主張する。しかし、まったく何もないところにイデオロギーを根付かせることはできない。やはり中絶という行為には、明確な罪悪感といかないまでも、身体レベルでの「違和感」が素地として存在していた（いる）のではないか。さらに言えば、そもそも、子どもが人身売買されていたような時代の倫理をそのまま現代に持ち込むことには無理があるだろう。

（34） ここの論点に関しては、内田樹による身体論的観点からの売春批判が参考になるかもしれない。すなわち彼によれば、見ず知らずの者に性器に触れられることそれ自体は身体的には不快な経験であるはずなのにもかかわらず、売春が「正しいこと」や「快感」として感知されてしまうのは、「脳」がそう感じるように命じているからであり、身体を「所有物」「商品」として扱っているからである（「セックスワーク――「セックスというお仕事」と自己決定権」、『岩波応用倫理学講義５　性／愛』（金井淑子編）、岩波書店、二〇〇四年参照）。

（35） フェミニズムの影響によって長らく軽視されがちだった「産むこと」の積極的側面を、広く一般読者に対して訴えかけようとした書物が、三砂ちづる『オニババ化する女たち――女性の身体性を取り戻す』光文社新書、二〇〇四年、である。また、哲学・倫理学の領域においても、金井淑子が、虚偽イデオロギーとしての「母性」に取り込まれてしまわない形での

「母の領域」「フェミニティ」の探究をしている（金井「講義の七日間」、六四－七四頁、同「家族・親密圏・根拠地」『岩波講座哲学12　性／愛の哲学』岩波書店、二〇〇九年参照）。

（36）　荻野『「家族計画」への道――近代日本の生殖をめぐる政治』、二九七頁参照。

（37）　厚労省研究班（主任研究者・佐藤郁夫）と日本家族計画協会による共同調査結果（二〇〇四年）による。

（38）　本稿における私の主張こそ「暴力」だと非難する者もいるだろう。確かにそうかもしれない。しかし、私は少なくとも他者の存在を抹消してしまうような暴力はふるっていないし、その暴力を是認・促進するような言説も社会に広めていない。

（39）　男性側にも「節制」を求めるという戦略は、日本では平塚らいてう、欧米では第一派フェミニズムの主張にすでに見受けられる（荻野『「家族計画」への道――近代日本の生殖をめぐる政治』、二二一－二五頁参照）。

（40）　中絶論争のみならずバイオエシックス全般において好んで用いられる「パーソン」や「価値」もまた、西洋形而上学的な――特に近代形而上学的・ヒューマニズム的な――概念である。後期ハイデガー哲学の枠組みで言えば、「パーソン」は、近代的な理性主体偏重の思潮から出てきた概念であり、こうした主体があらゆる存在者を「価値評価の対象・客体」へと貶めることによって「存在忘却＝ニヒリズム」がますます深まることに近現代という時代の特徴がある（vgl., M. Heidegger, Platons Lehre von der Wahrheit , in: *Wegmarken* (Gesamtausgabe, Bd.9), Vittorio Klostermann, 1976, S.236-237, Brief über den >>Humanismus<<, in:*Wegmarken*, S.349)。

（41）　こうした思想史観については、西谷啓治「禅と日本文化の将来」『西谷啓治著作集』第一九巻、創文社、一九九一年、一二四－一三七頁を参照。

（42）　『荘子』（金谷治訳注）第三冊、岩波文庫、一九八二年、八八頁。

（43）　悲しみや寂しさといった感情と倫理の深い結びつきについては、竹内整一『「かなしみ」の哲学』ＮＨＫ出版、二〇〇九年、が示唆に富む。また、本書の第**11**章**2**も参照。

【第Ⅲ部】成長すること、変貌することの肯定

――教育倫理学的探究

君たちは隣人のまわりに押し寄せる。そしてそのことを美しいことだと言う。しかし、君たちの隣人愛とは、自分をしっかり愛していないことではないのか。

——ニーチェ『ツァラトゥストラはこう言った』

第6章　青少年における〈拠り所〉としての友人関係

【第Ⅲ部】では、「現代日本の青少年における存在肯定」をめぐる問題を探究する。まず本章では、教育学や社会学など隣接分野の知見を参照しつつ、現代日本の青少年において「友人や仲間」の存在を〈拠り所〉すなわち「存在肯定の根拠」とする傾向が強くなっていることを確認する。そのうえで、そうした傾向をもたらした社会的背景の分析を試みる。

1　現代日本の青少年における友人関係の重視

現代日本における青少年の人間関係の在り方の特徴として、まず挙げられるのは、彼らの人間関係において「友人」「仲間」の存在が非常に重みを増してきているということである。この傾向は、様々な調査データから読み取ることができるが、以下にいくつか例を挙げておこう。まず、内閣府『平成27年版　子ども・若者白書』によれば、「大切だと思うこと」は何かという問い（選択肢から複数回答）に対して、「健康である」に次いで多かった回答は「友達がたくさんいる」であった。しかも、その回答数は「勇気を持っている」「人のいやがることをすすんでやる」「勉強ができる」「いろいろなことを知っている」といった項目の回答数に比べて圧倒的に多く、約六割の子どもたちが選択している。また、二〇〇九年に内閣府が行なった「国民生活選好度調査」によれば、「幸福度を判断する際、重視した事項」として、約六割の若者（十五歳〜二十九歳）が「友人関係」と答えており（複数回答）、上の世代と比べて突出して高くなっている。こうした友人関係重視の傾向は、特に一九九〇年代後半あたりから、顕著になってきた。このことを示すデータとしては、例えば内閣府「世界青年意識調査」がある。この調査によれば、充実感や生きがいを感じるときとして「友人や仲間といるとき」を挙げている若者が増加傾向にあり、一九七〇年には三八・八％だったが、一九九八年以降は七四％前後で高止まりしている。[1]

また、以上のような調査データに加え、特に二〇〇〇年代以降に流行した「若者言葉」には、友人関係やコミュニケーションにまつわるものが目立つことにも注意を払う必要がある。例えば、「空気が読めない人」を意味する「ＫＹ」、「コミュニケーション障害」を意味する「コミュ障」、「異性に好かれない人」を意味する「非モテ」、「ひとりぼっち」を意味する「ぼっち」といった語群である。また、「便所飯」というスラングは、「学食でひとり昼食をとる姿を見られることによって、周囲から友達のいない人間と思われたくないため、トイレの個室に隠れて食事をすること」を意味する。

さて、言うまでもなく、以上に見てきた若者言葉のいずれもが、「友人がいないこと、周囲にうまく溶け込めないこと、孤独であること」への侮蔑（あるいは恐怖）を含意した言葉である。そして、何より注意すべきことは、これらの言葉は、大人による一方的なレッテル——かつての「新人類」や「ゆとり」のような——ではなく、青少年のあいだから自然に生まれ出てきた自己規定的な言葉だということである。自己規定的である分、彼らの生きる現実を巧みに描き出してくれているように思われる。

以上の事実が示しているように、現代の青少年にとって何より大事なのは、「友達」「仲間」なのであり、その有無や多寡によって彼らの生活の充実感や自己肯定感は大きく左右される。それゆえ、彼らは友人関係の構築・維持・拡大に膨大なエネルギーを投入することになる。

友人関係を和やかに保つため、彼らにおいて最重要視されるマナーが、「空気を読む」ことである。すなわち、互いの顔色をうかがいあい、うまくその場の「ノリ」に合わせること、場の雰囲気を楽しく盛り上げること、波風を立てないこと、決して「上から目線」に立たないことに細心の注意が払われ、膨大な心のエネルギーが費やされる。また、仲間内でしか通用しない省略語や造語がひどく好まれるのも、集団の一体感を高める効果があるからであろう。そして、互いの結びつきを常に確認し合うために、学校外においてもＳＮＳによってつながり続けようとする。

ただし、彼らの友人関係においては、個々が抱えている悩みや苦しみが話題になることは少ないという（悩み事を友人に相談する若者が減っていることを示すデータもある[2]）。なぜなら、そうしたネガティヴな感情は、「重い」もの、「病んでいる」もの、「空気」を乱すものであり、相談をするということは友人関係に「上下」をもたらしてしまうこととして忌避されるからだ。以上のようにして和やかさを保つことこそが、彼らの友人関係における「平和」の作法なのである。

2 〈最後の拠り所〉としての友人関係
——社会的背景の素描

では、以上のような友人関係の異様なまでの重視は、そもそもなぜ生じたのだろうか。明確な原因を特定するのは困難であるが、要因として考えられうる大きな社会的諸変化を、社会学等の成果にも依拠しつつ、以下に素描しておく。

まず、最も根底的な要因だと考えられるマクロな社会変化は、なんといっても、血縁や地縁を基礎とした伝統的な「共同体」が弱体化していったことである。

こうした社会変化によって、青少年の人間関係が狭まっていくことになった。すなわち、多くの青少年にとって主な人間関係の場は、学校（および核家族）に限定されるようになり、多様な世代の人間との接触機会が減った。子どもは、学校という、同じ年齢の人間のみが集った人工的な集団――それは、人間社会のつながり全体から見れば、相当に特殊かつ不自然な空間であることは常に注意されてよい――の中で朝から夕方まで過ごさなければならない。今や、学校以外に所属できる〈拠り所〉はないのだから、学校という場でうまくやっていけるかどうかが、青少年たちにとっては死活問題となってしまうのである。

加えて、昨今のいわゆるブラック企業・ブラックバイトの問題や奨学金問題、年金問題等の社会問題にも象徴されているように、少なからぬ青少年にとっては、現代日本社会は自分の存在を歓迎してくれるような〈拠り所〉として感受されていないと思われる。そうした場合、居心地の良い身近な人間関係へと退却し閉じこもっていこうと試みるのは自然な心理的反応ではあろう。友人関係は、いわば〈最後の拠り所〉として機能している。

以上のように、「人間関係の狭まり」に伴い、子ども・若者たちにとって、友人関係の重要性が相対的に高まってきたわけであるが、そのこと以上に、「自己の存在が他人から肯定される条件が著しく変化してきたこと」にも注意を払わなくてはならない。

特に一九九〇年代以降、地域や会社など「個人と国家の間にある集団（中間集団）」の包摂力が弱まり、個々人が市場社会へとダイレクトにさらされるようになっている。かつて中間集団は、その構成員の存在に承認を与え、安心感・安定感――アンソニー・ギデンズの用語を借りて表現するなら「存在論的安心[3]」――をもたらす〈拠り所〉として機能してきた。すなわち、構成員は、中間集団における「役割」を果したり、「規範」を順守さえしていれば、原則的にはその存在を承認されてきたわけである。しかし、それがゆえに、中間集団は同時に個々の自由を制限する「桎梏」としても機能してきたわけであるが、今や、自由化された社会における多くの人々は、その桎梏から解き放たれたわけである。

一方、桎梏からの解放と同時に、「自己の存在に対する他者からの承認を自前で調達する」という課題が、「自己責任」として、個人に課せられるようになっている。すなわち、個々人が自力で自己を効果的に売り込み、他人からの承認を獲得していかなければならなくなったのである。昔に比べ、人間関係を各人がその好みや都合に合わせて自由に選別できる余地は広がったわけだが、それは同時に、「自分もまた、他人の好みによって常に選別される対象物であり続けなければならない」という過酷さを引き受けるということでもあり、人間関係を不安定化していくことでもあった。ジグムント・バウマンが言うところの「液状化社会[4]」の到来である。

人間関係が個人による「選別」の対象になったという社会変化を如実に反映しているのが、「結婚」の在り方である。かつて、結婚は半強制的に個人に課せられるものであった。そこでは、結婚するか否かに選択の余地はほとんどなく、結婚する相手を選択する余地も小さかったわけだが、その代わりに、多くの構成員は「イエ」や「家庭」という比較的安定した〈拠り所〉を手にすることができた。

しかし社会の自由化の進展とともに、まずは結婚相手の選択肢が広がり、やがては結婚するか否かも個人の選択に委ねられることになっていった。

ただし、このことは、当然ながら、「すべての人が自分の好きな人とめでたく結ばれることになった」ということを意味しない。むしろ少なからぬ人々は、結婚相手として「選ばれない」のであり、結婚したくても結婚「できない」のである。[5] つまり、人間は、「相手の好みによって選別され、淘汰されていく対象」になっていったのである（このことこそが、未婚化や、第5章でも言及した「恋愛・性の格差化」の最大の要因だと考えられる）。

結婚相手に限らず、親しい間柄の他人、「仲間」は、「自己責任」のもと、自力で獲得すべきものとなった。それゆえ、人々は、「コミュニケーション能力」を磨き、おしゃれなど「見た目」に気を配って自己を「演出」し、「他人から好かれること」に莫大なエネルギーを注がざるをえない。「好き嫌い」は、基準が不明確で個人差もあるし、移り変わりやすいものでもある。それゆえ、現代人は常に他人の顔色をうかがい、忖度し続けなければならない。なんとか相手を引き付けることに成功したとしても、その好意はほんの少しのきっかけで失われてしまうものなので、常に潜在的に「見捨てられる不安」を抱えていなければならない。今や、体臭の存在さえ許容されず、「スメハラ」と断罪される。また、安心して老いていくことさえ許されず、「アンチエイジング」し続けなくてはならない。自分が「生き物」であることさえほとんど否定するレベルで、自己を美しくデコレーションし、他人の心情に奉仕し、他人を心地よくし続けなければならない（もっと露骨な言い方をすれば、「精神的売春」を強いられる）世の中になりつつあるのである。

しかも、その膨大な努力は、多くの場合報われることはない。あまりに高すぎるハードルを乗り越えられない少なからぬ人々が、結局のところ〈拠り所〉を失ってしまうのである。ここに、現代の自由社会特有の苦しみ、痛みがある。[6]

自由化の先進地たるアメリカ社会は、周知のように、外向的、社交的、プレゼン上手等といった性質を有する人間が高く評価され、内向的な人間、友人の少ない人間は劣った人間とみなされる社会である。現代日本の青少年における友人関係への過剰なまでの重視は、グローバル化に伴うアメリカ的人間観の広まりを示す現象であるとも言える（もっとも、日本の若者の場合は、彼らが承認を求める対象の範囲がとても狭く、友人を中心とした身近な関係のみから承認を獲得しようとする傾向が強いことが大きな特徴であるわけだが）。

もちろん、本場アメリカでも昔からそうだったわけではないようである。著述家のスーザン・ケインによれば、一九五〇年代あたりから、アメリカ文化は、思慮深く、高潔で、静けさを愛する人を理想とする「キャラクター（徳性、品性）の文化」から、目立つ人、おもしろい人、他人に好印象を与える人を高く評価する「パーソナリティ（人間的魅力、有名人）の文化」へと変容していった。[7] かつてエーリッヒ・フロムが指摘したように、市場経済の浸透に伴い、現代の市場経済の原理――モノの価値が「使用価値」よりも「交換価値」で決まるという原理――が、人間自身にまで適用されるようになったということなのだろう。すなわち、人間の価値は、どんな徳性、品性を備えているかということよりも、「多くの他人から気に入られるかどうか」によって主に決まるようになったのである。[8] 私たちは、単に消費者としてだけでなく、「消費されるもの」としても駆り立てられている。

さて、学校空間においてもまた、「クラスの一員である」という理由だけでは、もはや承認はもらえない。学校やクラスもまた「共同体」としては機能しなくなってきているのである。

土井隆義によれば、特に二〇〇〇年代に入ってから、友人の多い者と少ない者との格差が拡大しているとともに、友人を増やすための個人的努力と友人数の関係も強くなっている。土井によれば、こうした現象は、クラスや部活といった組織や制度によって人間関係が規定される比重が減少してきていることを物語っている。[9]

現在の学校では、先に確認したように、高度な「コミュ力」が強く要請される。その力を欠いた者は、容赦なく低い「カースト」（次章で詳述）へと転落し、居場所や自己肯定感を剥奪される。このように、〈最後の拠り所〉であるはずの友人関係さえも、決して盤石なものではないことに、私たちは注意しなければならない。

近年の青少年の心的傾向の一つとして、「無力感や宿命感の強さ」がしばしば指摘されるが[10]、それも人間関係構築のハードルのあまりの高さが一因でもたらされたものと解釈することもできる。彼らにとって人生は、若者言葉で表現すれば、「無理ゲー」あるいは「クソゲー」と化しつつある。いわゆる「オタク化」や「草食化」もまた、高度過ぎる「コミュ力」要請の過酷さからの撤退現象として解釈できるだろう。

なお、以上のような共同体の弱体化というマクロな社会変化に加え、「情報社会化」という観点からは、ケータイ・スマホの爆発的普及も、見逃せない社会的変化である。特に若者文化を考察する際は、その直接的な影響力の大きさゆえに十分に注意しておかなければならない。一九九〇年代半ば、日本におけるケータイ普及に火をつけたのは青少年たち――特に同類の仲間と群れる志向の強い「（コ）ギャル」たち――であった。こうした青少年たちが、もともとはビジネスツールであった携帯電話を、ポケットベル（ページャー）に次ぐ「コミュニケーションツール」として再発見したのである。そしてケータイおよびスマホという情報技術の普及によって、青少年における友人関係偏重はよりエスカレートしていった。すなわち、学校外においても、それこそ二十四時間体制で友人とのコミュニケーションに膨大なエネルギーを費やすことができる（あるいは、費やさなければならない）情報環境へと変化していったのである。

こうした情報技術に関する倫理問題は【第Ⅳ部】で詳しく論じるが、ネットやスマホのみならず、【第Ⅱ部】で言及した「出生前診断」も含め、現代の科学技術は、自分の都合の良い人間のみを選別し、異質な他者の存在は消去していくことを促進する役割を果たしてしまっているように思われる。グローバル化・自由化した技術社会の中で、個々の存在に対する断罪のハンマーが、至る所で振り下ろされているのである。

（1）他にも、青少年における友人関係偏重を示す一例として、地方の若者における「地元志向」の高まりが挙げられる。注意すべきは、彼らが言うところの「地元」の人間関係というのは、あくまで友人関係と家族関係に限定されており、地域社会における人間関係は除外されていることである（阿部真大『地方にこもる若者たち』朝日新書、二〇一三年参照）。さらに、宮本幸子によれば、友人関係の偏重は、伝統的に女子に強く見受けられる傾向だったが、近年では、性差がなくなってきているという（「子どもをとりまく人間関係」『第2回子ども生活実態基本調査報告書』ベネッセ教育総合研究所、二〇〇九年参照）。

（2）土井隆義『つながりを煽られる子どもたち』岩波書店、二〇一四年、五六–五七頁参照。

（3）cf., A. Giddens, *The Consequences of Modernity*, Polity, 1990（松尾精文・小幡正敏訳『近代とはいかなる時代か？』而立書房、一九九三年）。また、澤井敦「「存在論的不安」再考：アンソニー・ギデンズの「不安の社会学」をめぐって」『法學研究』（慶応義塾大学法学研究会）vol.89、no.2、二〇一六年は、ギデンズにおける「存在論的不安」の概念を、「存在論的安心」の概念と比較しつつ明らかにしている。

（4）cf., Z. Bauman, *Liquid Modernity*, Polity, 2000（森田典正訳『リキッド・モダニティ』大月書店、二〇〇一年）。また、バウマンにおける「液状化社会」の概念に関しては、吉田正岳「Z・バウマンの液状化社会論」『大阪学院大学通信』第四九巻第二号、二〇一八年も参照。

（5）国立社会保障・人口問題研究所「出生動向調査」（二〇一五年）によれば、未婚者（十八〜三十四歳）の九割近くは「いずれ結婚するつもり」と回答している。確固たる「独身主義者」は、少なくとも現時点では、あくまで少数派だと言える。

（6）以上の考察は、共同体的な人間関係から「選択的人間関係」への変化が、現代人における「孤立不安」と密接に関係していると論じる石田光規『孤立不安社会』勁草書房、二〇一八年を参照している。

（7）cf., S. Cain, *Quiet:The Power of Introverts in a World That Can't Stop Talking*, Penguin Books, 2012, pp.21-24.（古草秀子訳『内向型人間の時代』講談社、二〇一三年、三七–四一頁）

（8）cf., E. Fromm, *Man for Himself: An Inquiry into the Psychology of Ethics*, Henly Holt and Company, 1990, pp.67-82.（谷口隆之介・早坂泰次郎訳『人間における自由』東京創元社、一九五五年、九一–一〇七頁）

（9）土井隆義「ネット社会の関係病理——つながり依存といじめ問題」『こころの科学』二一一号、二〇二〇年、二一頁参照。

(10) 例えば、土井隆義『「宿命」を生きる若者たち』岩波書店、二〇一九年参照。

第**7**章　〈独り在ること〉を学ぶ

前章でも指摘したように、現代日本の青少年において「友人や仲間」からの承認を自己の存在肯定の根拠とする傾向が強くなっている。

子どもたちは、親をはじめとする「善良なる」大人たちによって、「外向的であれ」「友達をたくさん作れ」などといった「善良なる」価値観を幼い頃から吹き込まれる。そして、友達のいない人間、人付き合いの苦手な人間は、あたかも問題児のごとく断罪される（今の世の中にうまく適応できてしまっている子どものほうがむしろ「問題児」であるという可能性が検討されることはない）。教員や親の言うことにほとんど耳を傾けてくれない青少年たちも、「つながり至上主義」「コミュ力至上主義」という、その一点に限っては大人たちの価値観に忠実すぎるほどに従っているのである。

本章では、青少年における「友人や仲間の重視」が、むしろ様々な負の効果をもたらしてしまっている可能性を指摘したうえで、問題解決の方向性を探っていく。

まず**1**では、子ども・若者における「友人や仲間の過度の重視」が、自分の感性や価値観に合致しない〈他なるもの〉を身の周りから徹底的に排除していこうとする志向につながってしまっていることを指摘する。

続く**2**では、こうした排他性が、「いじめ」や「不登校」など、現代の子ども・若者たちを悩ませている様々な具体的問題の大きな一要因となってしまっていることを示す。

3では、「他なるものの排除」の問題と連動して起こってしまっている、もう一つの重要問題として、青少年における「自己との関係の断絶」の問題を取り上げる。

4では、上記の二つの問題に対する解決の道の一つとして、まずは「自己との関係の断絶」を解消すること、すなわち自己へと立ち還り、自己を〈ケア（配慮・世話）すること〉を主張する。

最後の**5**では、青少年が自己をケアするため、大人が手助けできることについて言及する。

1　〈他なるもの〉の排除
——内閉化について

前述したように、現代人、特に青少年においては、友人関係に代表される身近な人間関係が、自己の存在肯定のための大きな〈拠り所〉となっている。そして、そこでは、「空気」を読むこと、うまくその場の「ノリ」に合わせること、決して「上から目線」に立たないことが、友人関係の和を保つための重要な「倫理」とされる。

しかしながら、その一見楽しげな「平和」の裏側では、様々な「不和」が引き起こされている。すなわち、青少年たちのエネルギーが友人関係へと集中すればするほど、「友達以外の人間」とのつながりは断たれていくのだ。人間一人が他者に費やすことのできるエネルギーや時間は有限なのだから、当然の結果ではある。友人以外の人間は、あたかも〈存在しない〉かのように扱われ、配慮の対象とはならない。驚くほど冷酷な行動や失礼な態度をとってくることもある。「仲間以外はみな風景[1]」というわけだ。仲間以外の他者は、単なる異物やノイズとして排除されていく。

以上のような人間関係の「内閉化」は、すでに一九九〇年代半ば頃から、現代日本における青少年の人間関係の在り方の際立った特徴として、「島宇宙[2]」「村社会[3]」「みんなぼっち[4]」などの様々なキーワードによって、若者文化に関する識者たちから指摘されてはいた。例えば教室内でも、四月の早い段階で、数人の似たタイプの者同士で友達グループを作り、その友達グループ内のみに人間関係を固定してしまい、各グループ間は完全に没交渉となってしまうといった具合に――。

内閉化の進行によって、人々の「分断」は深まっていく。そして、そうした断絶は、仲間以外の他人との関係の断絶にとどまらない。社会問題や時事問題、さらに私たち人間を包み込む文化・歴史・自然などといった、より広大な世界への無関心にもつながっていると思われる。おそらく、そうした無関心は、昨今の学力低下ともまったく無縁ではないと推測される。

ただし、誤解のないよう急いで付言しておけば、「昔はよかった」「昔に帰れ」と本稿は主張したいのではない。かつての日本人の所属していた人間関係――例えば「世間」「地域」「会社」などは、現代の青少年が所属する人間関係に比べて、あくまで「相対的に」大きかったにすぎず、「排他的」「内閉的」という性質から自由であったわけではないからである。

2　様々な具体的問題
——スクールカースト、いじめ、不登校、自殺……

言うまでもなく、何らかの現実的問題というものは、決して単一の原因からではなく様々な要因が複雑に絡み合って生じているのではあるが、本節では、異他的なものに対する排他性が、「いじめ」や「不登校」など、現代の青少年たちを悩ませている様々な具体的問題の大きな一要因となってしまっていることを示していく。

近年における青少年の人間関係の特徴をよく表わすキーワードの一つとして「スクールカースト」が挙げられる。それは、もともとは二〇〇〇年代半ば頃から広く用いられるようになったネットスラングであったが、近年は人口に膾炙し、教育学等における研究対象にもなっている。[5]スクールカーストという言葉のおおよその意味は、「教室・学校内における人気や友人の多寡を基準にした序列・差別構造」だと考えられる。すなわち、この現代日本のカースト制度においては、友人が多く、異性からの人気があり、音楽やファッションなどの若者文化へのコミットメントが深いグループほど、より大きな権力を持ち、公共空間であるはずの教室を「私物化」していく傾向が見られる。一方、地味で受け身で目立たないグループはカーストの下位になりやすいとされる。そして、カーストの最下層に置かれる傾向があるのは、特定のグループに所属しないひとりぼっち、すなわち「ぼっち」である。スクールカーストの価値観においては、「友達・仲間がいないこと」は人間として何よりも恥ずべきことであるからだ。「コミュ力」や「人気」こそが、現在の教室内における権力の源泉なのである。この権力には教員さえも逆らえないとされる。多くの教員は、上位カーストのグループに媚び諂い、取り入ることによって、自己保身するとともに、上位グループの権力に便乗して円滑な学級統治を進めていこうと試みるからだ。

この「スクールカースト」という若者言葉が新たに――そして巧みに――照らし出してくれているのは、グループ間には明らかな「序列」があるという事実である。かつての「島宇宙」「村社会」というキーワードは、個々のグループの分断を強調した言葉であったが、「島宇宙」「村社会」における個々のグループは決して同じ力関係で並存しているわけではなく、それらのあいだには明確な上下関係があるのである。

さて、こうしたスクールカーストの問題点の一つとして、まずは、時に「いじめ」という問題へと発展するということが挙げられる[6]。権力の弱い下位カーストの生徒は、もちろん教室内において「いじめ」(および、その前段階としての「いじり」)のターゲットにされやすい。しかしながら、特に一九九〇年代以降、いじめの主流になっているのは、むしろ同カースト・同グループ内において「和を乱した者」に対するいじめであるとも指摘されている[7]。すなわち、「空気」を読まず、波風を立て、グループのメンバー(特にリーダー格)の機嫌を損ねたことの「罰」、改心させるための「善導」として、いじめは行なわれる。それゆえ、しばしば指摘されるように、いじめる側に罪悪感はほとんどない。また、教員など周囲の大人の外的視点からは、せいぜい「同じグループ内のじゃれ合い」程度にしか見えず、いじめの発見を困難にさせている一因ともなっている。さらに、たとえ自分がいじめの対象になっても、グループから自発的に離れようとする者は少ないという。その理由は、もはや言うまでもないが、「独りになりたくない」からである。たとえいじめの対象であっても、多くの青少年はグループにしがみ続けることを選ぶのである。

いずれのパターンのいじめにせよ、「共通の敵」を作ることは、集団の一体感を高め、場を盛り上げるための最も手っ取り早い方法――私たち人類がなかなか手放すことができない安直な方法――であるため、スクールカーストと「いじめ」は連動しやすい。また、いじめは、グループ内に潜在している緊張関係から目をそらし、それを緩和する「ガス抜き」としても機能している。

さらに、たとえ「いじめ」のような明確な形を有する重大問題にまで発展しなかったとしても、こうした差別構造の存在それ自体が、暗に学校を居心地の悪い場にしてしまうこと、また彼らの本分である学び・成長の阻害にもなることによって、カーストの上下を問わず、生徒たちを徐々に蝕んでいく。むしろ、このことこそが、スクールカーストの最大の問題点であるように思われる。

下位カーストの生徒は、日ごろから上位カーストの生徒（および教員）から軽々しい扱いを繰り返されることによって自己否定感を募らしていかざるをえない。そして、わが身を守るため、地味な者同士で小さく身を寄せ合って、学生時代という嵐が過ぎ去るのをおとなしく待つしかないのだ。

一方、たとえ上位カーストに属している生徒であったとしても、その華やかな見た目に反して、必ずしも利益のみを享受し、青春を謳歌しているわけではないようである。まず、その地位を維持し転落を防止するためには、常に人間関係に対して過剰な緊張状態を強いられ、膨大なエネルギーと時間を費やさねばならない。極端な場合、集団による万引きなどの軽犯罪や強盗、ホームレスの襲撃[8]などに走ることさえある。近年における代表的なトラブルの事例としては、「悪ふざけ」行為のＳＮＳへの投稿（いわゆる「バカッター」や「バイトテロ」）が挙げられるだろう（第8章で改めて言及する）。こうした集団犯罪は、必ずしも金銭や物品の獲得それ自体が主な目的ではなく、いじめの場合と同様、仲間の結束を固め、「絆」を確認しあうため、あるいは仲間内の「ガス抜き」のため、行なわれるのである。犯人グループのメンバー一人ひとりは、必ずしも凶悪な性格というわけではなく、「普通の子」であることが多いという家庭裁判所の少年係調査官や裁判官の言葉も聞かれる[9]。仮に彼ら一人ひとりは「悪いことをしている」と内心思っていたとしても、誰も犯罪行為にストップをかけることはできない。それは、「ノリ」を壊し、仲間の「絆」を壊すことになるからだ。

さて、こうして膨大なエネルギーや時間を友人関係の維持・強化に費やす結果として、先述したように、彼らは自らの生きる世界をどんどん狭くし、学ぶこと・成長することをやめてしまい、無力化していく。彼らは「コミュ力」が高いとされ、本人たちもその力を誇っている。確かに一見すると、「社会性」が高いようにも見える。しかしながら、青少年たちがイメージしている「コミュ力」と、近年企業や一般社会で要請されている「コミュニケーション能力」のあいだには巨大なズレがあるように思われる。すなわち、若者がイメージする「コミュ力」が、あくまで似たタイプの人間とつるみ、楽しく盛り上がる能力であるのに対して、ビジネスや一般社会で要請されるコミュニケーション能力とは、むしろ逆に、「異なる人間」と付き合っていく力である。すなわち、ビジネスや一般社会においては、異世代の者、別組織の者、他国の者、異なるポジションの者、利益の対立する者、嫌いな人間など、多種多様な他者となんとか付き合っていかねばならないのが常である。同類とのみつるんできた者たちは、学校という「一般社会から浮いた特殊で均質な空間」では上位に君臨できたかもしれないが、その能力がそのまま外の世界で通用するとは少々考えにくい（なお、近年ビジネスの世界で要請されている「コミュニケーション能力」に対しても異論がないわけではないが、ここでは措いておく）。

さて、以上に見てきたように、カーストの上下を問わず、学校は少なくない青少年たちにとって過酷でストレスフルな場になっているわけだが、このことこそが、「不登校」や「自殺」といった、青少年たちを苦しめている問題の大きな一因にもなっているように思われる。

文部科学省「令和元年度　児童生徒の問題行動・不登校等生徒指導上の諸課題に関する調査」によれば、不登校の小中高生の数は一八万一二七二人にのぼり、少子化にもかかわらず、過去最多を更新している（もちろん、その背景には、フリースクールの活用など「学校へ行く以外の選択肢」が認められてきたこともある）。

自殺者数もまた、日本全体では二〇〇三年をピークに減少傾向にあるにもかかわらず、若年層ではむしろ増加傾向にある。文部科学省の同調査によると、二〇一八年度に、三三二人の小中高生が自殺で亡くなっており、過去最多を更新している（翌二〇一九年度には、三一七人と、若干減少してはいるが、高止まりしている状態である）。「いじめ」それ自体が自殺の原因だと特定されているケースは、全体の三％程度にすぎないが、「いじめ」という明確な問題にまで至らなくとも、その発生の土壌となっている「学校空間の居心地の悪さ」が背景の一つであることは疑いないように思える（ちなみに、自殺の理由としては、「不明」が全体の約六割に達しており、最も多い）。実際、学校現場ではすでに広く注意喚起されているように、「生徒の自殺が一番多い時期は新学期直前」であるが、その事実は、生徒たちに学校という場が与えているプレッシャーの大きさを物語っている。前章でも指摘したように、地域社会の崩壊や核家族化などのため、青少年にとって学校空間の重要性が相対的に増している。つまり、現代の青少年にとっては、学校空間のみが「唯一の世界」だとどうしても感覚されてしまいがちなのである。その学校空間に居場所が見出せなかった場合、もはや自分の居場所は、自宅や自室、あるいは「死の世界」にしかないと思い込んでしまっても無理はないだろう。

3　〈自己との関係〉の断絶

以上、内輪の人間関係への没入により、「異他的なものの排除」という問題が起きてしまっていることを見てきた。しかし、実のところ、青少年の人間関係において断たれてしまっているのは、友人関係以外の「外部世界とのつながり」だけではない。

人間とは、他人や環境とのみならず、自己自身とも関係している存在者である。すなわち、自分自身と向き合い、配慮・世話（ケア）していくことによって、自分の考えなどを「深め」ていったり、自分の能力などを「高め」ていったりするのが人間である。

しかし、常に友人の顔色を伺い、空気を読んでばかりいると、「自己との関係」も断たれてしまう。現代の青少年たちにおける関係性は、いわば「水平方向」にだけでなく、「垂直方向」にも断たれてしまっているのだ。彼らの自己は放置され、本当の意味で大切にされていない。

本節では、この「垂直方向における断絶」について、①自己を「深める」力の衰退と②自己を「高める」力の衰退との二つに分けて言及していく（なお、これら二つの分類は、あくまで便宜的なものであって、実際には両者は切り離しえない仕方で存在している）。

①自己を「深める」力の衰退

欧米人と比べた場合、日本人は、ムラ、イエ、国家、家庭、学校、会社など、何らかの集団への同一化志向が伝統的に強いということは、古くから日本文化論の定説となっている（典型的には、ベネディクトの言う「恥の文化」）。確かにそれは事実かもしれないが、一方において、かつての日本人は静かに自己と向き合うための様々な「生の技法」を豊かに有していたことも忘れてはならない。例えば、茶道や華道、書道、弓道などは、単にそれらの技術それ自体を学ぶことよりも、むしろ精神の修練を大きな目的とするものであった。また、読書、読経、坐禅、礼拝といった行為も、独り自分と静かに向き合うためのものでもあった[10]。日常生活の喧騒から距離を置き、他人からのまなざしが巻き起こす雑念を捨て、動揺する心を落ち着かせていく。そうすることによって、自己と深く対話する状態が整っていくのである。

人間が成長していくためには、今現在の自己を省みて、問題点を発見し、何らかの対応をしていくことが必要である。しかし、少なからぬ青少年は常に友人とつながり続けることによって自己と向き合おうとはしないがゆえ――しかも、その友人たちは、多くの場合、互いの御機嫌をとりあうだけの「イエスマン」であるがゆえ――自分の中に「反省回路」が形成されていかなくなる。すなわち、自分の中にあるマイナスの部分を見つめ、それを克服するなり、そのことが無理ならば上手くなだめて共存していくなりするといった「自己との付き合い」の力が育っていかないのである。

こうした力の衰退ゆえであろうか、教員から注意されても、わが身を振り返ることなく、自らの不明は棚上げしたうえで、「みんなやっている」「なぜ自分だけ叱るのだ。不公平だ」といった類の反論をしてくる子どもが増えているという現場教員からの声もある[11]（筆者自身も、そうした反論を受けた経験がある）。こうした反省回路を欠いた子どもは、クレーマーやモンスターの予備軍となっていくおそれもある。

自分の「やりたいこと」がわからない、自分が何に向いているかわからない、などと訴える若者も少なくない。これも、もちろん様々な要因が複雑に絡んで起きている現象ではあろうが、幼いうちから友人の目ばかり気にしすぎて自己観察の機会を著しく欠いてきたことも要因の一つなのかもしれない。

さらに、自己観察の欠如は、分不相応なプライドをどんどん膨らませていく要因にもなりうるだろう。今現在の自分の感性や価値観を絶対視し、「自分が不完全で無知な存在者であること」に無知となり、傲慢になっていく。自分の中のマイナスの部分、都合の悪い部分ときちんと向き合っていく力の弱さは、今後の人生を生き抜くことにひどく困難をもたらすかもしれない。なぜなら、人生においては、自分自身が自分自身にとって受け入れがたい存在になっていくようなとき――例えば、失業、失恋、離婚、災害、事故、老い、病、死、等々――が、避けがたく訪れるからだ。都合の良いセルフイメージを作り上げてきた人間にとって、これらの試練は相当耐え難いものとなるだろう。

さて、自己との対話が深まっていくと、単に、上記のような「自己の志向や適性といったものの把握」という次元にとどまらず、より深い位相での〈自己〉との出会いをもたらすことになる。現代哲学においても明らかにされてきたように、自己とは一つの他者である。すなわち、自己とは確固たる実体ではなく、無意識、身体、社会、歴史、自然などといった〈他なるもの〉に縁って初めて成立し現象している〈関係態〉である。自己究明の深まりは、通常私たちが自己だと思い込んでしまっている自己を突破し、こうした〈内なる他者〉との出会いへと導くことになる。——わが国でも、すでに道元が「自己をならふといふは、自己をわするるなり。自己をわするるといふは、万法に証せらるるなり[12]」と、逆説的な表現で喝破しているように。

本来、私たちは、社会や自然といった広大な世界の一端として現象しているわけであるが、仲間からの評価を気にするあまり、自己との関係を断つことによって、自己の深奥に広がる世界への通路もまた断たれてしまっているのだ。多くの青少年は、身体と向き合い対話することなく、周囲の目線やマスメディアの供するイメージのみによって身体を支配されてしまっているように思える。例えば現代の痩身信仰に典型的に見られるように、あくまで基準は他人からの評価なのである。過食症や拒食症はダイエットがきっかけで発症することが多いとも指摘されているが[13]、それも身体という自然の反乱・暴走なのかもしれない。また、思春期から大きな課題となってくる「性」にしても、本来は生命の営みの一部であり、「生まれる／産む」「育てる」といった生命の流れとひと連なりのものである。性は、私たちが対話をし、それとの付き合い方を模索しなければならない〈内なる他者〉だが、今や単に虚栄心を満たすための装身具になり下がっている。すなわち、性は「私は愛されている、欲情されている、必要とされている」ことを証明するための単なる道具なのである（性の問題については、第5章も参照されたい）。自らの内なる生命・自然と向き合うことなく成長していくならば、彼らは、やがて来るであろう「老い」「病」そして「死」といった生命の営み、内なる他者とも向き合おうとはせず、それらを排除する戦いを続けることだろう。すなわち、アンチエイジングに走り、健康を絶対的価値として崇拝し、八十年間生きられることを当然の権利とみなし、「孤独死」をまるであってはならぬことのように騒ぎ立てる浅はかな大人たちの「仲間」入りを果たさざるを得ないだろう。

②自己を「高める」力の衰退

次に、自己を「高める」方向性について言及したい。ここで自己を「高める」とは、自らの教養や技能を磨きあげ高めていき、新たな自己へと変貌していくことを意味している。

四六時中仲間と群れていたり、ＳＮＳでつながりあっていては、教養や技能は高まっていかない。勉強や練習のための十分な時間が確保できないからである。学力低下の一要因として、「仲間以外への無関心」という心理的要因を先に指摘したが、まずは何より、こうした生活習慣こそが、大きな要因となっていると思われる。

また、近年、グループ学習がやたらともてはやされているが、その効果もさほど期待できないように思われる。例えば心理学者のアンダース・エリクソンは、様々な分野において、優れた者ほど「個人練習」により多くの時間を割いていることを指摘している。エリクソンによれば、孤独な時間こそが「集中的実践」（Deliberate Practice）を可能にし、大きな成果をもたらす原因となっているのである[14]。また、グループ学習においては、「他人任せ」にしてしまう傾向があるため、自分で考える力が身につきにくいという指摘もある[15]。筆者自身の指導経験から言っても、学生に一定以上の基礎能力がなければ、グループ学習は「雑談」の機会、そして学生同士の賛美――例によって、「空気」を読んだうえでの――によって「自己満足」に陥らせる機会にしかならない。グループ学習の意義を全面的に否定する気はないが、やはり学習や修練の基本は「独り努めること」にあるのだろう。

しかし、現代の青少年の中には、「地道な努力」を軽視する傾向が見られることも懸念される点である。[16] 必死に努力する人間は、「痛い奴」「余裕のない奴」として嘲笑われる。例によって、「仲間」同士で、互いの向上心を牽制しあい、足を引っ張り合い、「なかよく」低きへと流れていくことによって、互いの「安心」「安定」を保っているわけだ。

また、こうした向上心の喪失も一因となってだろうか、今や学習意欲は、各々が自らの内奥から引き出してくるものではなく、教員によって生み出されなければならないものになった。教員はエンターテイナーとして、「面白く」「わかりやすく」授業をし、「学生の興味・関心を引き」、「主体的に」学んでいただくことが求められるようになった。学生たちの多くは、「やる気が起きないのは、授業が楽しくないからだ」と言う。しかし、自己の内的な意欲までも他者からのコントロールに委ねているという点で、これはむしろ「徹底的な家畜化」ではないだろうか。学生たちは、厳しい教員に対して「強制だ、押しつけだ」とクレームをつける。しかし、娯楽・サービス産業の圧倒的支配による、もっと深刻なレベルでの「強制」「押し付け」が自らを蝕んでいる、すなわち「面白いこと」「楽なこと」しか受け入れない身体にされてしまっていることには気づくことはない（実は、そうした事実に気づくための洞察力を与えてくれるのも「学習」なのだが）。

そもそも、学習というのは基本的に楽しくないものである。学びは娯楽や趣味とは違うのである。しかし、たとえ楽しくなくても、世界には知らなくてはならないこと、考えなくてはならないことが数多く存在する。もちろん、〈学ぶ歓び〉は疑いなく存在する。しかし、それはある程度の修練を積んだ者だけに訪れるかもしれない僥倖にすぎない。「楽しみ」それ自体は学ぶ目的ではない。学びとは――「労働」がそうであるように――他者や社会全体に貢献するために為されるという側面も有する。高められた教養・スキルは、閉じられた「仲間」から自らを解き放ち、より広い世界へと結びつけていってくれるのである。「学び」が蔵する公共性の軽視は、現在の青少年における主流の労働観――すなわち、理想的な仕事とは、自分の「やりたいこと」「夢」を実現することだという、美しく響くが、その実、自己中心的で欲望主体の労働観――にそのまま地続きとなっているように思われる。

　さらに言えば、学んでいく営みそれ自体に、社会性の育成機能が埋め込まれている。すなわち、学ぶとは、自分の好みや価値観をとりあえず脇に置いて、様々な事実や多様な見解を理解しようと努める営みであり、その意味で、自己中心的な視点を矯正していく機能を有しているのである。それにもかかわらず、自分の好みや価値観に合致しないからといって最初から学ぶことを放棄し、それを正当化――「個性」や「自分らしさ」「主体性」等といったマジックワードによって――し続ければ、いつまで経っても学力も社会性も身につかず、「自分という檻」に閉じ込められたままだろう。

　青少年の人間関係における近年の傾向の一つとして、いわゆる「キャラ化」――すなわち、仲間内で各々が固定的な「キャラ」を演じることによって、人間関係の安定化を図る――も指摘されている[17]。そこに見受けられるのは、「今の自分から変わりたくない／変われない」「他のメンバーも変わらせない」というある種の「頑なさ」である。彼らが忌み嫌う「老害」も顔負けの「頑固さ」が、そこにはある。しかし、学びとは、本来は、自らを変貌させていくこと、「自分という檻」から脱出することを志向するものである。「キャラ化」もまた、青少年たちの成長を阻害する一因となっていることが懸念される。

　そもそもスクールカーストにおいて評価基準となる「人気」や「口のうまさ」というのは、生まれ持った資質や育った環境に大きく左右されるものであって、少なくとも「学力」や「運動能力」に比べれば、個人の努力によっては如何ともしがたい面がある。また、「人気」などというのは結局のところ他人が決めることであり、「学力」や「運動能力」に比べれば、その判定基準もかなり曖昧である。努力しようにも方法が明確でないのだ。そうした天与のもの、たまさかの要素で人間を差別するのがスクールカーストなのである[18]（この点、「生まれ」で人間を差別する、本場インドのカースト制度と同じである）。さらに言えば、スクールカーストにおいては、カースト上昇のための努力はむしろ逆効果になる。下位カーストの者が、上位の者をまねて、おしゃれに気をつけるようになったり、お笑い芸人のような楽しいトークを試みたとしても、現代の青少年にとっては、そうした努力自体が「かっこ悪い」ことなのであり、「痛い奴」「余裕のない奴」として嘲笑の対象にされるばかりでなく、時には「分不相応」「生意気な奴」として「いじめ」の対象にさえされるのである。スクールカーストにおいて「転落は簡単だが、上昇は不可能」とされる所以である。すなわち、転落は「空気」を読まなければすぐに実現してしまうが、上昇は、いかなる努力によっても実現困難なのである。

自己を「深める」「高める」ためには、どうしても孤独な時間が必要である。常時仲間とつるんでいたり、ネットでつぶやいていては自己は育っていかないのである。

さらに言えば、他人にへりくだり取り入ろうとする行為は、他者における「自己へのケア」をも妨げる行為である。媚び諂う者たちは、常に他人の評価ばかり気にかけているという点で「自己へのケア」を怠っている者であるのは言うまでもないことであるが、かつてセネカが指摘していたように、お世辞などによって相手に「自己誤認」を引き起こすという点で、相手における「自己へのケア」をも妨害する者なのである[19]。彼ら追従者たちは、集団や組織全体のレベルを下げ、無力化していく要因ともなりうる。彼らは、その愛想の良い外面に反して、その実、倫理的には性質が悪いと言える。東洋においてもまた、孔子が指摘している――「巧言令色鮮《すくな》し仁[20]」と。

4　〈独り在ること〉の肯定

以上、青少年における「異他的なものの排除」と「自己との関係の断絶」という二つの問題を見てきた。これらの問題を解決していくには、いったいどうしたらよいのだろうか。

まずはもちろん、教育政策や学校システムの改善が必要である。具体的には、「クラス制を廃止する」「異世代との接触の機会を増やす」「学校で過ごす時間自体を減らす」など、現在の学校・教室が閉鎖的な空間であることを解消していく方向で工夫を凝らしていかなくてはならない。

しかし、こうした教育環境の改善はもちろん必須ではあるが、ここでは、哲学者らしく――かつて「魂への配慮」を強調したソクラテスに倣って――「孤独な時間を確保して、等閑にされてきた自己自身と向き合うこと」の重要性を特に強調しておくことにしたい。

「社会環境の改善」と「個人の生き方の改善」、どちらも重要であるのは言うまでもないことであるし、この両者は決して切り離すことができない関係にある。そのことを前提にしたうえで、敢えて優先順位をつけるなら、やはり後者を優先するしかないのではないか。そう考える理由は、主に二つある。

一つ目は、現実主義的な理由である。社会というものは簡単には変わらないし、拙速な改革は、仮にその理念自体が正しくても、デメリットをもたらすことも多い。とすれば、とりあえず関わることができるのは、自己自身である。もちろん、前述のように、自己とは一つの他者であるのだから、自分自身さえ、思い通りに変えられるわけではない。しかし、とりあえず「関わること」「ケアすること」はできる。また、たとえ社会環境が悲惨であっても、私たちはその中で自らの限られた人生をなんとか全うしていくしかない。おそらく人類史上、「完全に理想的な社会」が存在したことはないが（もしかしたら、今後も実現しないかもしれないが）、人類の一人ひとりはその中を生きてきた。「社会改善への意志は手放さないが、まずは自己の日々の生を整える」という姿勢が、とりあえずの落としどころではないか。具体的には、世間に同調し、「人並み」になることを目指すのは放棄し、自分の存在を受け容れることが必要とされるであろう。さらに、群れる人間たちとの適度な〈距離〉を探りつつ社会の中に自分の居場所を確保できるような「隠者の智恵」を身につけていくことが必要となろう。

「個人の生き方の改善」を優先する二つ目の理由は、自己の存在肯定の源泉に関わる、より根源的な理由である。仮に理想的な社会が実現したとしても、他人からの十全な愛や友情が保証されるわけではない（もちろん、現状に比べれば、他人からの過剰な存在否定は減るだろうが）。愛や友情は、社会によって強制されえない点に、その特徴を持つ。したがって、他人からの愛や友情に自己の存在肯定の根拠を求め続ける限り、ついに自己の存在肯定に至ることはできず、いわば「愛を求めて彷徨う」生き方に陥らざるをえない。おそらく、他人からの愛や友情は、本当の自信をもたらさないだろう（もちろん、生きる支えの「一つ」にはなるだろうが）。なぜなら、他人からの承認への過剰な欲求は、むしろ本当の自信の喪失に由来するものだからだ。いくら他人に承認を求めても本当の充足は得られることはなく、その行為はますますエスカレートするばかりであろう。例えば、ＳＮＳを通した果てしない自己アピールを想起されたい。あるいはまた、ある青少年は、むしろ他人を打ち負かし、他人に優越することによって獲得される名声や権力などに自己肯定の根拠を見出すようになるかもしれない。しかし、こうした類の青少年もまた、結局のところ自己肯定の根拠を世間的評価に求めている、その意味で他人の評価に依存しているという点では「愛を求めて彷徨う者」と同じ圏内にいる。他人に自己肯定の根拠を置き続ける限り、脆弱なプライド（「友達や恋人がいるから、私は自分を肯定できる」「成績が良いから、自分は偉い」）と、それと表裏一体の不安に常に振り回されながら生きる状態は避けられない。そうだとすれば、本当の自信を回復するために残されている方法は、むしろ他者からの承認の追求とは逆の方向へと進み行くこと、すなわち、「孤独」と正面から向き合っていくことではないか。本来ならば「自信」とは、他人や集団ではなく、文字通り「自分」を「信じること」のはずである。さらに言えば、本来「信じる」ということは、無条件に、根拠無しに行なわれることである。特別な能力・性質だとか世間的評価といった「根拠」があるから自分を信じるというのは、本当の意味で「信じる」ことではないはずである。

実は、この「自己の存在の肯定」こそは、「他者との本当の関係の回復」のためにも必要な条件である。なぜなら、「他者との断絶」と「自己との断絶」という二つの問題は、一見正反対の方向性を持つ問題にも見えるが、決して別個の問題ではないからである。すなわち、人間は、自分自身が他の誰とも違う孤独な存在者であり決して他と同一的な存在者ではないという自覚、すなわち「独りの人間」としての自覚がなければ、他者たちのことも各別各異の「独りの人間」として見ることができない。自分が「独り在ること」を自覚したとき初めて、仲間以外の他者も単なる「風景」ではなく、様々な人生の悲哀を背負った「独りの人間」としての輪郭を持ち始めるのである。「さびしさ」「かなしみ」といった、一見ネガティヴな感情は、本来ならば、人間の倫理を深いところで支えている重要な感情なのであるが、[21]現代人、とりわけ青少年たちはそうした感情を「重い」「暗い」「病んでいる」と忌避する傾向がある。前章でも言及したように、青少年たちは、悩み事を友人には相談しなくなっているという。[22]なぜならば、そういった（一見）ネガティヴな感情を友人に露わにすることは、彼らにとって、ノリをこわす、空気を読まない「悪しき行為」だからである。「独りの人間」としての自覚がないところ、「仲間」たちとの「つながり」の白けた明るみの背後には、あの残酷で陰湿な二分法が常に潜んでいる。

孤独の力は、仲間からの「愛」に満ち足りた人々特有の思い上がりを鎮める力である。さらに、それは、集団内の行き過ぎた同一化を解消する解毒剤でもある。集団への盲従や同一化のまどろみの中に、他者はいない。また、繰り返し述べているように、自己とは一つの他者である。私たちは、社会や文化、自然の一部として現象している〈関係態〉なのであった。自己究明を通して、閉じられた人間関係の外に無限に広がっている場へと開かれる。西谷啓治が言うように、「自分の依り所を他に求めない。その代りに自分自身というものを掘り下げて行って、自己の根元のところに自分の、また人間の、また人類全体の存在の真の据え所を見出す[23]」のである。孤独は決して否定されるべきものではない。それはむしろ、「独りの人間」として、「独りの人間」と関係し、互いを映しあっていくために、人間が受け入れるべき根源的事実である。

本当に他者と出会うためには、単に水平的に人間関係を拡大していくことを試みるだけでは不十分であると思われる。それは結局のところ、「自分のコピー」を増殖する試み、すなわち「拡大版の内閉的集団」を作る試みにすぎないという点において、危険なことでさえある。真に他者と出会うためには、逆説的ではあるが、まずは垂直的に自己へと還帰し、「孤独という通路」を歩み抜くことが必要とされるのである。身内にとどまらない愛や慈悲を説き実践した過去の賢者の多く——例えばブッダ、イエスなど——の生きざまには、どういうわけか常に深い孤独が影を落としているわけであるが、今や私たちにとって、それは不思議なことではないだろう。

そして、「自己を深める」ことと相即して、「自己を高める」こと、すなわち教養や技能を身につけることも、単に「競争に打ち勝ち、他人からの評価を獲得する」「自分の利益を守る」といった小さな目的からのみ為されるのではなく、より広い社会の人々を利するため、自己を広大な世界へと結び付けていく願いから為されるようになる。社会や歴史、文化等に関する教養は、自己の世界を空間的にも時間的にも拡大するものである。そして、高められた技能は、多くの他者を利することができる。その意味で、技能とはこの世界への愛の一つの表現であり、自己を仲間以外の他者へと解き放ってくれるものでもある。以上のことを自覚したとき、学びは真の力強さを帯びてくるだろう。

友人関係の構築と維持にあくせくしている現代の青少年たちにしても、実は、完全に自己喪失し、「孤独という通路」を失ってしまっているわけではないように思われる。なぜならば、彼らの多くは、そうした濃密で安定した人間関係に対して、いわゆる「ＳＮＳ疲れ[24]」などに見られるように、一方で大きなストレスや退屈を感じてもいるからだ。それは、いわば自らの身体からの抵抗の声であり、彼ら一人ひとりが決して集団の中に回収されきれない異他的な存在者であるという証である。そして、彼らが忌避し、蓋をしている「悩み」や「苦しみ」といった一見ネガティヴな感情も、本当は人生の多くの真実を告げ知らせてくれる貴重なサインである。そうした自己の内奥からの声を聴き、自己という宝蔵を発見し、磨き上げていくこと。そのことが、互いに自己を押さえつけ、他者を排除した上で成り立っている仮初の「つながり」ではない、真の〈つながり〉への道の第一歩となるだろう（倫理における〈自己へのケア〉の重要性については、第10章でも論究する）。

5　大人にできることは

最後に、青少年たちにおける自己へのケア、自己究明のため、大人が手助けできることについて少々述べておきたい。まず参照にしたいのは、仏教の開祖ゴータマ・ブッダ——すなわち、はるか昔、本場インドのカースト制度を批判した人物である。

カースト制度批判のため彼が採った思想戦略は、政治的な抵抗運動を起こすことではなく、まずは何より個々人の「目覚め」（ボーディ＝悟り）を促していくことであった。すなわち、「永久不変なものが存在する」「私という実体が存在する」といった妄想や無知（無明）から「目覚めること」こそが彼の目指したものであるわけだが、カースト制度もまた、そうした迷妄・無知の一つであった。目覚めの力によって、他者と自己とに貼り付けられたレッテルから、自己を解放するのである。

こうした古代の智慧は、現代日本の青少年たちを苦しめているカースト制度と戦う際にもヒントを与えてくれているように思う。[25] すなわち、スクールカーストにおける差別も、友達至上主義という「迷妄」「無知」ゆえに生じているものであることを青少年たちに自覚させることが、問題解決のためには必要である。

本当の自由とは、多くの青少年が勘違いしているような「自分の意のままにすること」ではない。あらゆるレッテルから他者と自己とを解放し、空けた場に各々を各別各異に〈在らしめる〉ことにこそ、根源的な自由がある。その空けた場においては、仲良しグループのような内閉的世界がもたらしてくれた静的な「安心」「平和」はもはや望めない。この空けた場とは、他なる者同士が、時に波風を立てながらも、共生のための適切な〈距離〉を探っていく動的な場である。無風の中に安心があるのではない。揺れ動く不安の中にこそ、真の安心、そして真の和解を見出していかねばならないのだ。

そうした「目覚め」を促す役割を果たさなければならないのが、教員をはじめとする大人たちであろう。青少年たちに迎合して「お友達」になろうとするのではなく、独りの「他なる者」として、一歩〈距離〉を置いた視点から、彼らがどっぷりと浸ってしまっている価値観を相対化したり対象化したりして揺さぶり、掘り崩していくことこそ、むしろ私たち大人が担うべき役割なのではないか。[26]

現代の日本社会には、青少年たちへの共感に溢れた「やさしい大人」「理解ある大人」たちが溢れている。しかし、その「やさしさ」は、実のところ「子ども・若者たちから嫌われたくないから同調しておく」という単なる自己保身や計算高さから来ているものではないのか？　また、青少年たちを、教育という「サービス業」の単なる「お客様」とみなし、「金づる」にしているだけではないのか？　そうしたことを、常に厳しく自己に問うていく必要があるように思う。他人に対して同調的・迎合的であることが時代の「空気」になっているが、そうした時代の風潮に流されているだけで、結果的には社会における「大人の役割」を放棄し、青少年の成長を阻害しているだけではないかと――。

かつてソクラテスは、人々の神経を逆撫でするような哲学的活動を行なう自らを「虻」になぞらえた。本稿は、単に「独りの大人」としてだけでなく、一匹の「虻」として、現代日本社会における「魂への配慮」について論じたものである。

(1) 宮台真司『世紀末の作法』メディアファクトリー、一九九七年、一八九頁。

(2) 宮台真司『制服少女たちの選択』講談社、一九九四年、第八章参照。

(3) 例えば、NTTアド編『ネット&ケータイ人類白書』NTT出版、二〇〇〇年、浅羽通明編著『「携帯電話的人間」とは何か』宝島社、二〇〇一年、原田曜平『近頃の若者はなぜダメなのか』光文社新書、二〇一〇年に見受けられる。

(4) 富田英典・藤村正之編『みんなぼっちの世界』恒星社厚生閣、一九九九年参照。

(5) 以下、スクールカーストに関しては、児玉真樹子・南晴佳「周囲からみたスクールカースト上位者の特徴――社会的勢力に着目して」『学習開発学研究』一一号、二〇一八年、貴島侑哉・中村俊哉・笹山郁生「スクールカースト特性尺度の作成と学級内地位との関連の検討」『福岡教育大学紀要』第六六号　第四分冊、二〇一七年、作田誠一郎「「スクールカースト」における中学生の対人関係といじめ現象」『佛大社会学』第四〇号、二〇一六年、堀裕嗣『スクールカーストの正体』小学館新書、二〇一五年、鈴木翔『教室内カースト』光文社新書、二〇一二年、本田由紀『学校の「空気」』岩波書店、二〇一一年、第二章、森口朗『いじめの構造』新潮新書、二〇〇七年、等を参照。

(6) ただし、スクールカーストといじめには直接的な関連性が見られないとする実証的研究もある。例えば、水野君平・加藤弘通・太田正義「中学生のグループ間の地位といじめ被害・加害の関係性の検討」『対人社会心理学研究』一九号、二〇一九年を参照。

(7) 斎藤環・土井隆義「若者のキャラ化といじめ」『現代思想』十二月臨時増刊号、青土社、二〇一二年、二二―二三頁参照。

（8）青少年における「つながり」過剰とホームレス襲撃の関係については、生田武志『「野宿者襲撃」論』人文書院、二〇〇五年を参照。

（9）小林道雄『退化する子どもたち』現代人文社、二〇〇一年、五二－五九頁参照。

（10）さらに言えば、かつての日本文化には、西行や兼好を典型とするような〈独り在る人〉すなわち世捨て人、隠遁者に対するある種の「憧れ」や「尊敬の念」も明らかに見受けられた。このことは、俗世を生きる人々が自分たちの世界を絶対視せず相対化するまなざしも有していたことを意味する。しかし、今やこうしたまなざしはますます失われ、〈独り在る人〉は「異常な人」「可哀そうな人」としかみなされないような窮屈な社会になってしまった。

（11）齋藤孝『あなたの隣の〈モンスター〉』ＮＨＫ出版、二〇〇八年、四七－四八頁参照。

（12）『正法眼蔵』現成公案。

（13）丸井明美・村山恭朗「痩身プレッシャーを媒介する痩身理想の内在化と食行動異常の関連」『日本健康心理学会大会発表論文集』三〇巻、二〇一七年参照。

（14）cf., S. Cain, *Quiet:The Power of Introverts in a World That Can't Stop Talking*, Penguin Books, 2012, pp.80-81.（古草秀子訳『内向型人間の時代』講談社、二〇一三年、一〇一－一〇三頁）

（15）阿部孝之「グループ学習を取り入れた授業実践とその可能性について」『木更津工業高等専門学校紀要』第五二号、二〇一九年、二八頁参照。

（16）齋藤『あなたの隣の〈モンスター〉』一二九－一三四頁参照。また、近年好まれているライトノベルは、いわゆる「転生もの」「なろう系小説」であることも、「努力への不信」の傾向の一例として挙げられるかもしれない。そこでは、かつての「スポ根もの」のように、無力な主人公が、努力と挫折を重ねて成長を遂げていくのではなく、何らかの理由で異世界に「転生」し、突如（努力なしに）圧倒的な力を獲得して、世界を救う英雄、いわゆる「チートキャラ」として活躍する、というのが物語の基本的なパターンとなっている。なお、「転生」については、本書の第10章**2**－**2**も参照されたい。

（17）土井隆義『キャラ化する／される子どもたち』岩波書店、二〇〇九年参照。

（18）スクールカーストの背景の一つとして、本田由紀が言うところの「ハイパーメリトクラシー」（超業績主義、すなわち「学力」ではなく、「人間力」に象徴されるような天与の能力、曖昧な能力が重視される社会）も挙げられるだろう（本田由紀『多元化する「能力」と日本社会』ＮＴＴ出版、二〇〇五年参照）。
（19）cf., M. Foucault, *L'hermeneutique du sujet : Cours au College de France (1981-1982)*, Gallimard/Seuil, 2001, pp.359-364.（廣瀬浩司・原和之訳『主体の解釈学――コレージュ・ド・フランス講義 1981‐1982年度』筑摩書房、二〇〇四年、四二五‐四三〇頁）
（20）『論語』学而篇。
（21）竹内整一『「かなしみ」の哲学』ＮＨＫ出版、二〇〇九年参照。また、本書の第11章も参照されたい。
（22）土井隆義『つながりを煽られる子どもたち』岩波書店、二〇一四年、五六‐五七頁参照。
（23）西谷啓治「禅と日本文化の将来」『西谷啓治著作集』第一九巻、創文社、一九九一年、一二三頁。
（24）橋元良明研究室によって二〇一〇年に行なわれた調査の結果によれば、ＳＮＳヘビーユーザーの五二・一％が「ＳＮＳ上の人間関係」に「負担を感じる」と答えており、「ＳＮＳ上の友人へのコメント」や「足跡チェック」「キャラクター作り」にも四分の一程度が負担感を持っていた（橋元良明・小室広佐子・小笠原盛浩他「ネット依存の現状――二〇一〇年調査（『安心ネットづくり促進協議会』委託調査報告書）」、二〇一一年参照）。
（25）もっとも、カースト制度は仏教によっては結局駆逐されえず、現代に至るまで依然として存在し続けているという現実も忘れてはならない。「自己の改善」のみならず、「社会の改善」もまた必須であることを示す一例と言えるかもしれない。
（26）田中智志によれば、教師の権威は、子どもたちに迎合することにあるのではなく、子ども（および自分自身）に自己反照・他者参照を喚起する存在たることにある（『他者の喪失から感受へ』勁草書房、二〇〇二年、九四頁参照）。

【第Ⅳ部】情報と技術の時代における存在肯定

――情報・技術倫理学的探究

近さとは何であろうか。距離をせわしなく除去しようものなら、近さはかえって阻止されてしまうとすれば。

——ハイデガー「在るといえるものへの観入」

第8章 インターネット・スマートフォンに関する倫理的諸問題

——〈拠り所〉としてのインターネット

【第Ⅳ部】では、情報と技術の時代を生きる私たちの存在肯定をめぐる問題を取り上げる。

まず本章では、特にインターネットとスマートフォン（以下、「スマホ」と略記する）が関わっている倫理的諸問題を考察する。そして、それら諸問題の背景には、第6章で示唆したように、インターネット利用（特にスマホを経由した利用）が人々を密接に結びつけ、ある種の〈拠り所〉として機能しているという事実があることを示していく。

1では、「ネット依存」の問題を取り上げ、その発生要因の一つとして、「コミュニケーション至上主義」があることを示す。

2では、ネットやスマホという情報技術が、「公共空間との断絶」を加速・強化するような役割を果たしてしまっていることを指摘する。

3では、スマホによる「危険な他者・情報」との安易な接近が深刻化させた諸問題——児童売春や有害情報の蔓延をはじめとする——に言及する。

4では、スマホが〈自己との関係〉を喪失させ、学びの妨げともなっている可能性があることを示す。
最後の**5**では、結びとして、ネットやスマホがもたらす安楽な世界から一歩〈距離〉を取ることの必要性を説く。

1　ネット依存
——背景の一つとしての「コミュニケーション至上主義」

携帯電話（以下、「ケータイ」と略記する）、そしてスマホの普及とともに、現代人——特にヘビーユーザー層である青少年——におけるネット依存が、日本社会においてもようやく深刻な社会問題とみなされるようになっている。[1]「病」とまでは言えない程度の依存傾向も含めれば、決して少なくはない数の青少年に関係する問題であると思われる。二〇二一年に内閣府によって行なわれた「青少年のインターネット利用状況実態調査」によれば、ネットを利用している青少年（十歳から十七歳）の一日の平均利用時間は三時間二十五分であった。高校生のみに限れば、平均四時間二十七分ネットを使用しているという。[2]特にヘビーユーザーの多い女子高校生に至っては、一日に平均六時間もスマホを利用しているという調査結果もある。[3]

そもそも、どうして多くの青少年たちは、ここまでネット・スマホに魅せられ、没入しているのだろうか？彼らのネット・スマホへの没入の背景の一つには、第6章でも論究したような「友達至上主義」「コミュニケーション至上主義」とでも言うべき傾向があると思われる。すなわち、互いのつながり、「絆」を確認し合い、自己肯定感を獲得するために、今や必要不可欠になっているメディアが、ネット・スマホというわけである。

彼らは、学校外でもＳＮＳ等を通して、常に仲間とつながり続けようとする。言うまでもなく、インターネットは本来ならば、世界中の多様な人々との交流を可能にするメディアではあるが、実際のところ青少年がネットを通して交流しているのは、主に顔見知りの友人であり、学校の仲間たちである。(4) そもそもメディア史を振り返ってみても、ケータイというメディアは、一九九〇年代半ば頃から、主に友人たちとの「コミュニケーションツール」として――ポケットベル（ページャー）を継承するものとして――若年層から爆発的に普及していったメディアであった。すでに当時から指摘されていたように、青少年たちにとっては「フルタイム・インティメイト・コミュニティ」(5)を維持するためのツールが、ケータイであったのである。そして、スマホやＳＮＳの登場を経て、コミュニケーションへの没入は徐々にエスカレートしていき、現在では少なからぬ青少年たちが依存的な状態へと陥ってしまったわけである。なお、二〇二一年現在、最も広く利用されているＳＮＳであるＬＩＮＥの普及に火をつけたのも若年層であったが、ＬＩＮＥは代表的なＳＮＳの中でも最も内閉的な性質を有するがゆえに「フルタイム・インティメイト・コミュニティ」を築くことが極めて容易であることが若年層のニーズに合っていたことも、普及の大きな要因の一つだったと思われる。

また、ツイッター等のＳＮＳやYouTubeへの投稿に夢中になる要因として考えられることの一つは、「いいね」の数やフォロワー数、閲覧者数など、「数値化された明確な自己肯定の根拠」が得られることだと思われる。第6章でも指摘したように、現代社会では諸個人の「好き嫌い」という曖昧で不安定なものが主な評価基準になっていることもあって、「数字」というわかりやすい形で自分に対する「好意」を数値化してもらえることは、確かな安心感を与えるのだろう（ちなみに、「いいね」は英語ではlikeである）。より多くの人から存在承認を得るため、話を「盛った」り、「インスタ映え」のする写真を撮ったりすることによって、自分を等身大の自分よりも大きく見せようとする「演出」が、ＳＮＳやYouTubeの世界では常態となってしまっている（こうして必死に手に入れた「いいね」等も、必ずしも心からのものではなく、あくまで「お付き合い」のためのものであることも少なくないようではあるが）。そして、そうした「演出」されたお互いの姿が、皮肉なことに、「自分だけが置いてきぼりになっている」という不安――いわゆるＦＯＭＯ（Fear of Missing Out）――を煽ってしまっている面もある。

もちろん青少年たちは、ＳＮＳにのみ没入しているわけではない。遠藤美季によれば、ネット依存者は、大きく二つのタイプに分けられる[6]。まず一つ目のタイプが、これまで本稿でも言及してきたような、スマホを通して主に現実世界の仲間との交流に没入する「モバイル型」である。そして、もう一方のタイプが「インドア型」である。こちらは、主に自宅からパソコンや家庭用ゲーム機などを通して、特にオンラインゲームに没入するタイプであり、ＳＮＳ普及以前はネット依存の主流を占めていたタイプである。現実世界へのコミットメントに関して、前者は積極的、後者は消極的であるという点において、両者は対照的なタイプではある。しかし、オンラインゲーム依存に陥る大きな要因の一つは、ＳＮＳ依存の場合と同様、やはり「コミュニケーション至上主義」「友達至上主義」であることに注意を払わなくてはならない。オンラインゲーム中毒者のほとんどは、ゲームをひとりでプレイしているわけではない。彼らは、単にゲームそれ自体だけでなく、ゲームを通して「他のプレーヤーたちとのコミュニケーション」を楽しんでいるのである。多くのオンラインゲームにおいて、プレーヤーは複数でチームを作りプレイする。そして、そこで生まれた仲間意識や、チームにおける役割に対する義務感ゆえに抜けられなくなってしまうというのが、オンラインゲーム依存の典型的パターンである。特に、現実世界において友人がいなかったり、何らかの不全感を抱いている者は、オンラインゲームの世界により魅了されやすい傾向があるようである。非日常的な舞台で仲間とともに冒険や戦闘などの様々なミッションをクリアしていくことに、現実世界では味わえないような一体感や高揚感、そして使命感を感じるようになる。また、上達すればするほど、他のプレーヤーからの注目や称賛を浴びることになり、時には「神」扱いされることさえある。こうして、ゲームの世界こそが「自分の本当の居場所」になってしまうのである。[7] 社会調査士の竹野真帆も、若年層はオンラインゲームに「自尊感情」の充足と「承認」を求めていると論じている。[8]

以下では、補足として、「コミュニケーション至上主義」以外に考えられるオンラインゲーム依存の要因を、四つ列挙しておこう。

まずは、「ゲームでは、現実世界と違い、費やした努力が報われ、わかりやすい成果として現れやすく、それゆえ、やりがいを感じやすい」ということが挙げられる。優れたゲーム、人気のゲームほど、難易度設定のバランスが絶妙である。すなわち、「まったく歯が立たず、結果が出ない」ということはないし、逆に「クリアが容易すぎて、歯ごたえがない」ということもない。努力すればしただけ、ポイントやアイテム等といった形でわかりやすく数値化・視覚化された成果がもたらされる。そのことが「やりがい」を強く感じさせ、プレーヤーを夢中にさせていくのである。一方、現実世界では、残念ながら、いくら努力しても、それに見合った成果が出ることのほうが少ない（しかも、第6章で指摘したように、現代社会では諸個人の「好き嫌い」という曖昧で不安定なものが主な評価基準になっているから、さらに努力が報われにくい状況になっている）。仮に成果が出ていたとしても、現実世界ではゲームのようにわかりやすく数値化・視覚化されない／できないことがむしろ多いので、「やりがい」を実感しにくい。ゲーム依存者にとって、こうした現実世界は、まさに「クソゲー」「無理ゲー」と感じられることだろう。そして、さらにゲームに没入していくにつれ、ますますこの現実世界という「クソゲー」に潜む微かな美点に対する感受性が失われていくという悪循環に陥るだろう。

また、ガチャなどに見られるように、最近のゲームは「射幸心を煽る」側面が強いことも、オンラインゲーム依存の要因として挙げられるだろう。これは、従来のギャンブル中毒と共通した要因であると言える。

さらに、昔のゲームと違い、「終わりがない」ことが多いことも、昨今のオンラインゲーム依存の要因として考えられるだろう。昔のゲームのように、明確なゴールがなく、新しいアイテム、ステージ、イベント等が次々と追加される。ゲームメーカーは、プレーヤーたちを飽きさせないよう、様々な工夫を凝らし続けている。それゆえ、ゲームの「やめ時」がはっきりとせず、だらだらとプレイし続けてしまうことになるのである。

最後に、近年は、パソコンや家庭用ゲーム機を通してプレイするゲームだけではなく、スマホでプレイするゲームへの依存も広がり始めているが、スマホによってならば、いつでもどこでもゲームができるので、「すき間時間などについつい手が出てしまう」ということが、スマホゲーム依存に特有の要因として挙げられるだろう。

2 公共空間との断絶の加速

第7章でも指摘したように、子ども・若者における「友人や仲間の過度の重視」が、内輪の人間以外の人間を排除していく傾向につながってしまっているが、ネットやスマホという情報技術は、こうした「公共空間との断絶」を加速・強化するような役割を果たしてしまっているように思われる。前節で言及した「ネット依存」も、「公共空間との断絶」の現象の一種として解釈できる。本節では、「ネット依存」以外に、ネットやスマホが深く関わり合っているような「公共空間との断絶」の具体例を見ていきたい。

まず、公共空間への無関心ぶりが最もわかりやすい形で表われているのが、近年マナー違反として大きく問題視され始めている「歩きスマホ」、すなわち歩行中のスマホ利用であろう。単に通行を妨害しているばかりでなく、他の歩行者や視覚障害者にぶつかってケガを負わせたり、本人が駅のホームから転落するといった事故も起きている。彼らの関心はスマホの画面に集中し、その配慮が周囲に向けられることはない。道という公共空間を共にしているはずの他の通行者たちは、彼らにとって、ただの「風景」にすぎないのだろう。言うまでもなく、このことは「歩きスマホ」に限らず、様々な「ながらスマホ」――例えば自動車運転中や授業中の利用――にも当てはまることである。例えば、学校の教室も本来は「公共空間」なのだが、もし授業がつまらなければ、授業で扱われている情報や教員の存在をすぐさま遮断（まさに「ブロック」）して、スマホを通して自分の興味のある情報の閲覧や素敵な仲間たちとのコミュニケーションに耽溺することができる。

ケータイ、そしてスマホの普及によって、「私的空間の携帯」が可能になり、いつでもどこでも自分の居心地や都合の良い空間に引きこもってしまえるようになったのである。

ＳＮＳ利用に際しても、「自分の仲間からしか見られていない」と思い込んでしまっているためであろうか、誹謗中傷や個人情報など、問題のある投稿を平気でしてしまう。二〇一三年には、様々な悪ふざけの行為――例えば、バイト先のコンビニの冷凍庫に寝そべる、駅のホームの線路の上に降りる、遊園地でジェットコースターから身を乗り出す、パトカーの上に乗る、など――を撮影した画像・動画をツイッターに投稿してしまい、その結果「炎上」を招き、自らの個人情報をネット上に晒されてしまうという事件（いわゆるバカッター）が多発し、大きく報道もされた。そして、二〇一九年にも再び、今度は主な舞台をインスタグラムに移して、同種の事件が多発した。その際は、問題を起こす投稿者の多くがアルバイトだったことから、「バイトテロ」というネーミングが広く流布した。おそらく投稿した若者たちの多くは、自分の友人たちを楽しませるため、すなわち「仲間ウケ」を狙って、特に悪気もなく――それどころか、ある種の「善意」から――投稿したにすぎなかったのだろう。しかし、彼らには、「仲間以外の人間からの眼差し」に対する感受性やバイト先が被る迷惑への想像力が決定的に欠けていたのである（もちろん、むしろ不特定多数に向けて、最初から「炎上」を狙って為された投稿のパターンもあったと思われるが、そうしたパターンにおいても、ある種の屈折した「承認欲求」が動機としてあると推測できる）。

さらに悪辣な事例を挙げよう。二〇〇八年に秋葉原で起きた通り魔事件の現場は、被害者たちが倒れる路上の様子をケータイのカメラで撮影する野次馬たちで溢れた。中には動画サイトを通して実況中継を始める者さえいた。彼らにとっては、被害者たちが流血し苦しむ姿でさえ、仲間内で盛り上がるための「ネタ」にすぎないのだろう。駅などでの自殺者の遺体の写真・動画の投稿など、同種の事例は事欠かない。

さて、以上に挙げた諸事例は、「スマホを利用する際の公共意識の欠如」を示すものであるが、言うまでもなく、公共意識の欠如が見受けられるのは、直接スマホを利用している場面に限らない。例えば、授業中の私語・居眠りやいじめ、「荒れる成人式」などの例が挙げられる。これらの例においては、必ずしも直接スマホが利用されているわけではない。しかし、日頃のスマホへの没入によって内向きに「折り癖」のついたメンタリティが、多少なりとも関係していることは否めないだろう。

ところで、誤解のないよう、ここで強調しておきたいが、「ネットやケータイ・スマホの普及が原因で公共意識の衰退が起こった」と本稿は主張しているわけではない。第7章でも指摘したように、「公共意識の衰退」ひいてはその背後にある人間関係の「内閉化」それ自体は、すでに一九九〇年代半ば頃から、現代日本における青少年の人間関係の在り方の際立った特徴として、「島宇宙」、「村社会」、「みんなぼっち」などといったキーワードによって、若者文化に関する多くの識者から指摘されてはいた。しかし、ネットやケータイ・スマホの普及それ自体は、人間関係の「内閉化」の直接的原因ではないものの、そうした傾向を強化し加速していく役割を担ってきたのは間違いないと思われる。もともと社会に存在していた、人間関係を「内閉化」していくという志向が、内閉化の促進・徹底を可能にするツールとしてケータイを見出し、爆発的に普及させるとともに、ＳＮＳをはじめとする「つながる」ための様々な技術やサービスを発展させてきた、というのが事実に近いと思われる。

インターネットは、現実世界では出会いにくいような「同じ趣味や関心を持った仲間」を容易に見つけることを可能にしたため、ネット上では、「同質の人間の内閉的なコミュニティ」が乱立している（こうした同質の人間同士でつながる傾向は、「エコーチェンバー現象」とも呼ばれている）。例えばツイッターでは、自分と似た嗜好・思想の人だけフォローすれば、タイムラインは自分好みの発言で埋め尽くされるため、あたかも自分は「多数派」に属しているかのように錯覚できる。また、ネット利用においては、膨大な情報の中から、自分の興味のある情報、都合の良い情報ばかりを選別しがちであること（心理学で言う「確証バイアス」）も指摘されている。また、過去の閲覧記録に基づいてニュースを配信したり、商品を勧めてきたりなど、ネットの様々なサービスの側からも、利用者を自身の興味・関心の範囲の内部に閉じ込めてしまうような働きかけを積極的にしてしまってる（いわゆる「フィルターバブル」）。さらに世界情勢を見ても、ネットは、地理的な条件を問わず、同民族や同宗教、同イデオロギーの人々が結束することを容易にしたため、むしろ現在のナショナリズムやテロリズムの後押しをしてしまっている面もある（この問題は、次章で詳述する）。

さて、第7章でも指摘したように、こうした内閉化という風潮に抗し、本来ならば、主に学校が公共意識を育む役割を担わなくてはならないわけだが、今や学校も機能不全を起こしている。教師でさえも「友達至上主義」には逆らえない。「上から目線」から子どもを叱るなど、もってのほかである——場の空気を乱すことほど「悪い」ことはないのだから。本来ならば、「異質な他者」として、子どもたちに公共意識を身につけさせなければならない立場にある大人たちが、子どもたちを「お客様（金づる）」扱いし、その顔色をうかがい、媚び諂い、「ノリ」に合わせて、子どもたちの「お友だち」「よい人」になろうとする。このような教師の無力化は、結果的に教室を無法地帯にし、「いじめ」の発生要因の一つにもなってしまっている。担任が生徒に友達のように接する「なれ合い型」のクラスのほうが、担任が厳しい「管理型」のクラスよりも、むしろ「いじめ」が発生しやすいという調査報告もある[9]。上っ面の「やさしさ」ゆえに、その裏では、度し難い残酷さがはこびってしまっているのである。今や学校は、子どもの「プライベートルーム」の延長にすぎず、未来のクレーマーやモンスター——自分の「権利」ばかり過剰に主張し、公共世界へ配慮しようとしない人間——を養成する場へと堕しつつある。

3　他者との〈距離感覚〉の喪失
——危険な他者や情報への接近がもたらす諸問題

以上に見てきた人間関係の内閉化は、青少年たちが危険な他者や情報と安易に接触してしまう背景の一つにもなっていると考えられる。この社会には、多種多様な人間や情報が存在している。残念なことではあるが、そこには悪人や悪質な情報も少なくない。青少年たちは、そうした世界の闇の部分に対する注意力を涵養する機会に乏しかったこともあってか、いとも簡単に危険な人間——特に、甘言を弄して、自分を「承認」「理解」してくれていると青少年を巧みに錯覚させるような人間[10]——や有害な情報に接触してしまう。そこには、他者や情報との適切な〈距離感覚〉の喪失が見受けられる。

そして、ケータイ・スマホというメディア特有の性質が、危険な他者や情報との安易な接触を加速させている。すなわち、ケータイ・スマホとは、単に「携帯可能な電話・端末」であるだけではなく、「個人専用の電話・端末」でもあるという点に、その大きな特質がある。電話普及の歴史を振り返れば、それはまさに「パーソナル化」の歴史であった。かつては業務用であった電話が、日本では、一九七〇年代に各家庭に普及していく。一九八〇年代後半あたりからはコードレス電話が普及していき、子機が、さらにプライベートな領域である各個室へと入っていく。そしてついに、一九九〇年代後半のケータイの普及によって、電話機は、完全に個人専用のものとなったわけである。こうして完全に個人専用のものとなった電話機であるケータイは、その特質ゆえ、従来であればアクセス困難であった危険な他者・情報とも容易にアクセスすることを可能にしてしまった。すなわち、ケータイは、周囲の人間の目の届かないところで、子どもたちが直接的に他者と結びつくこと（いわゆる「ダイレクトリンク」）を可能にしたため、家族・学校・地域などによる保護が及びにくくなってしまったのである。

　そして、そのことが、周知の様々な犯罪やトラブルにつながっているわけである。犯罪・トラブルの典型例は、児童売春を含めた「援助交際」「パパ活」であろう。もちろん、歴史を振り返ってみれば、売春相手を探すためのメディアとしては、ケータイ・スマホの普及以前にも、テレクラやダイヤルＱ２が存在したわけではあるが、ケータイはそれらよりも売春相手へのアクセスを容易にすることによって、敷居を下げていくことになった[11]。もちろん、売春のみならず、ネットでの出会いが、恐喝や暴行、最悪の場合には殺人へとつながっていく事例さえ見受けられる。

　違法薬物の入手にしても、従来であれば、いわゆる「不良」や「ヤクザ」などとのつながりがなければ困難であったわけだが、今やネット経由で「普通の子」でも入手可能な状況になってしまっている。

　いわゆる「ネット心中」も、このネット時代ならではの事件と言える。現実世界では、自殺志願者同士が出会うことはまずありえないが、ネットを用いれば、いわゆる「自殺系サイト」等を通して出会えてしまう。

　危険な人間との出会いだけでなく、有害な情報へのアクセスもケータイは容易にした。有害情報の代表格とも言えるわいせつ情報にしても、現代にあっては、たとえ小学生であっても無修正のわいせつ動画を容易に閲覧できる環境になってしまっている。[12]

以前ならば、子どもたちは、周囲の大人たちに見守られつつ、信頼できる他人や情報を「見る目」を養っていき、少しずつ外の世界へと歩み出していった。ところが、今では、まだそうした力を修得していないにもかかわらず、スマホさえあれば、外の世界へといきなりダイレクトにつながってしまえる。

スマホとは、単に家庭での学習時間のみならず、人間関係における適度な〈距離〉の取り方を「学ぶ時間」をも子どもたちから奪い去っているメディアであると言える。

4　〈自己と関係していく力〉の喪失の加速

第7章で指摘したように、人間とは、他人や環境とのみならず、自己自身とも関係している存在者であるが、現代社会では、そうした「自己との関わり」の断絶も進行している。そして、ネットやスマホは、「自己との関わり」の断絶も加速させてしまっているように思われる。

四六時中ＳＮＳやネットゲームでつながりあっていては、教養や技能は高まっていかない。学習や練習のための十分な時間が確保できないからである。前述したように、二〇二一年に内閣府によって行なわれた「青少年のインターネット利用状況実態調査」によれば、高校生は、一日に平均四時間二十七分ネットを使用している。また、スマホは、学習時間の「量」を減少させるだけでなく、「質」も悪化させてしまう。例えば、学習中であっても、ひっきりなしに新着メッセージの知らせ等が入ってきて、学習時間は分断され、集中が妨げられる。昨今の学力低下の一要因として、「仲間以外への無関心」という心理面での要因を前章で指摘したが、まずは何より、こうした生活習慣こそが大きな要因となっているように思われる。実際に、例えば「全国学力テスト」の成績結果とケータイやゲームの利用時間の相関関係を見ても、やはり、ケータイやゲームをする時間が長い子どもほど、成績も低い傾向が見られる[13]。また、尾崎米厚たちによる調査結果によれば、ネットの使い過ぎで発生した問題として「成績の低下」を挙げている中高生の数が最も多く、全体の半数を超えている[14]。

スマホ所有のメリットとして、ＳＮＳを通して勉強を教え合ったりできることを声高に主張する——特にスポンサーである親に対して——子どももいるが、実際のところ、雑談に流れてしまい、むしろ勉強の妨げになっていることを告白する者もいる[15]。また、教育学者の竹内和雄によれば、スマホを所持している中高生の約半分（四六・四％）は、勉強に自信がないと答えており、スマホ不所持の学生（二二・一％）の倍以上の割合となっている[16]。

【補論】スマホが関わる、その他の諸問題

補足として、スマホの普及がもたらした、その他の問題をいくつか列挙しておきたい。

まずは、「いじめの激化」である。従来ならば、いじめられるのは、基本的に学校にいる間だけであった。しかし、今では、いわゆる「ネットいじめ」[17]に見られるように、ネット上でも誹謗中傷されたり個人情報を晒されたり、ＬＩＮＥで仲間外れにされたりなど、それこそ二十四時間体制でいじめられ続ける過酷な環境となってしまった。しかも、その密室性ゆえ、リアル世界でのいじめに比べると、周囲の大人が発見しづらい。

また、「ネットいじめ」は、リアル世界でのいじめの延長として行なわれるだけではない。特に二〇二〇年には、主に芸能人などの著名人に対する誹謗中傷（そして、その結果としての自殺）が、大きく報道されたが、ネットの普及によって、現実の世界での知り合いではない人間にも、攻撃の対象が広がったと言える。

さらに、リアル世界でのいじめにおいても、加害者がスマホによって被害者を呼びつけたり、カメラで恥ずかしい姿を撮影したり、加害者たちがＳＮＳでいじめの打ち合わせや口裏合わせをするなど、スマホは十二分に「活用」されてしまっている。

また、「盗撮」が増加したのも、ケータイ・スマホの普及が一因とされている。さらに、スマホのカメラ機能に関わる問題としては、「リベンジポルノ」の問題が挙げられる。これは、交際相手にふられた男性が、相手の女性の裸の写真等をネットに晒して復讐することをいう。こうした問題も、手軽に写真を撮り、しかもそれをネットにアップすることを容易にしたスマホの普及が背景の一つとなっている。

さらに、「長時間労働・サービス残業の促進」という問題も挙げられる。ネットやスマホの普及以降、ビジネスとプライベートの境界線が曖昧になり、終業後や休日も仕事を振られたり、呼び出されたりすることがある（逆に、部下のプライベートでのＳＮＳ利用に絡んでこようとする「距離感のない」上司もいるそうである）。

5　安楽な世界から、一歩〈距離〉をとる

本稿のようなネットやスマホ――殊に、そのヘビーユーザー層である青少年のライフスタイルや道徳性――に対する批判的な考察には、各方面からの少なからぬ反発が予想される。それゆえ、そうした反発に対して、最後にひとこと言及しておくことにする。

まずは、青少年たちからの反発に対して。反発するのはもちろん結構なことだが、まずは「自分とは異なる見方をする人間の考え」にも耳を傾け、時間をかけて熟考したうえで「反論」をしても遅くはないのではないか。本書でも触れてきたように、「自分のことを批判する者、意見する者はすべて悪」とみなし、すぐさま耳を塞ぎ、

心を閉ざし、内省を回避してしまうという排他的で安楽志向な構え自体が、ネット・スマホへの没入を含む現代の社会環境によって育まれ、「押し付け」られたものだとしたらどうか？　そして、そうした構えが、周囲はもちろん、何より自分自身のためになっていないとしたらどうか？　感情的な好悪はとりあえず脇に置いて、いま自分が置かれている時代や社会の状況を冷静に見つめてみることから始めてみてはどうだろう。この件に限らず、もし何事かに対して反発心があるのなら、その反発心を、それこそネットに条件反射的に陰口を垂れ流して、気分をすっきりすることによって、簡単に安楽な状態に陥ってはいけない。それは、ある意味では、もったいないことである。むしろ、そうした反発心をもっとたくさん貯めこんで、時間をかけて大きく育ててみてはどうだろう。すなわち、その反発心を、文章や作品として創造的に昇華していくのである。そして、コソコソと隠れながら他人の悪口を書いて自己満足に浸るためのツールとしてではなく、自らの創作物を堂々と世に広く問うためのツールとして、ネットを活用するのである。

次に、大人たちからの反発に対して。前章の**5**でも述べたように、現代の日本社会には、青少年たちへの共感に溢れた「やさしい大人」「理解ある大人」が数多くいる。しかし、その「やさしさ」は、実のところ「子ども・若者たちから嫌われたくないから同調しておく」という単なる自己保身や計算高さから来ているものではないのか？　このことを、常に厳しく自己に問うていく必要があるように思う。

さらに言えば、拝金主義的な現代社会において、ビジネス上の勝者であるＩＴ・ゲーム業界からの見えない圧力と巧みな操作に屈し、ネットやスマホに依存させられ、「餌付け」されているにすぎないのではないかと自問していくことも必要だろう。すなわち、私たち大人は、単に青少年たちに迎合するのみならず、その背後にある、経済至上主義・技術至上主義的な社会に煽られ、青少年たちもろとも、この社会を稼働していくためだけのコマとして動員させられているだけではないのか、と（このことについては、次章で改めて論じることにする）。

（1） 近年におけるネット依存の現状や診断基準に関しては、河邉憲太郎・堀内史枝・上野修一「青少年におけるインターネット依存の現状と関連する心理・社会的問題」『精神神経学雑誌』第一二一巻第七号、二〇一九年、および尾崎米厚・金城文「インターネット依存の現状」『保健の科学』第六二集第一号、二〇二〇年を参照。また、特に「スマホ依存」の概念や診断基準等に関しては、館農勝「インターネット依存の新しいかたち――スマートフォン依存（スマホ依存）」『精神神経学雑誌』第一二一巻第七号、二〇一九年を参照。

（2） 内閣府「令和2年度　青少年のインターネット利用状況実態調査　調査結果（速報）」二〇二一年 <https://www8.cao.go.jp/youth/kankyou/internet_torikumi/tyousa/r02/net-jittai/pdf/sokuhou.pdf>（二〇二一年三月七日閲覧）参照。

（3） デジタルアーツ株式会社「第13回　未成年の携帯電話・スマートフォン利用実態調査」二〇二〇年　<https://www.daj.jp/company/release/common/data/2020/040701_reference.pdf>（二〇二一年三月七日閲覧）参照。

（4） 土井隆義「ネット社会の関係病理――つながり依存といじめ問題」『こころの科学』二一一号、二〇二〇年、二〇－二一頁、土井隆義『友だち地獄』ちくま新書、二〇〇八年、一五四－一五七頁参照。

（5） 仲島一朗・姫野桂一・吉井博明「移動電話の普及とその社会的意味」『情報通信学会誌』一六（三）、一九九九年参照。

（6） 遠藤美季・墨岡孝『ネット依存から子どもを救え』光文社、二〇一四年、三一－三三頁参照。

（7） 同前、一三一－一三五頁参照。

（8） 竹野真帆『オンラインゲームは若年層に悪影響をあたえるのか』夏目書房新社、二〇一五年参照。

（9） 河村茂雄『データが語る①　学校の課題』図書文化社、二〇〇七年、八二－八三頁参照。

（10） 例えば、二〇一七年に座間で九人が殺害された連続殺人事件では、犯人は、ＳＮＳで自殺願望を吐露している女性に対して、「一緒に死のう」などと語りかけることによって巧みに誘い出し、犯行に及んでいた。

（11） 下田博次『子どものケータイ――危険な解放区』集英社新書、二〇一〇年、一五四－一六〇頁参照。また、ネットやスマホの普及と青少年における性問題の関連性については、鶴田利郎「インターネットを介した子どもと「性」の出会い」『こころの科学』二一一号、二〇二〇年参照。

（12） 竹内和雄『スマホチルドレン対応マニュアル』中公新書ラクレ、二〇一四年、三八－四二頁参照。

（13）国立教育政策研究所「平成26年度全国学力・学習状況調査の結果について（概要）」二〇一四年<https://www.nier.go.jp/14chousakekkahoukoku/summaryb.pdf>（二〇二一年三月十日閲覧）参照。

（14）尾崎米厚ほか「飲酒や喫煙等の実態調査と生活習慣病予防のための減酒の効果的な介入方法の開発に関する研究　平成29年度報告書」二〇一八年<https://mhlw-grants.niph.go.jp/niph/search/NIDD00.do?resrchNum=201709021A>（二〇二一年三月十一日閲覧）参照。

（15）遠藤・墨岡『ネット依存から子どもを救え』、四八‐五一頁参照。

（16）竹内『スマホチルドレン対応マニュアル』、五六‐五八頁参照。

（17）ネットいじめに関しては、山下洋「子どものこころの発達からみた「ネットいじめ」」『保健の科学』第六二巻第一二号、二〇二〇年参照。

第9章　不和の増幅装置としてのインターネット
――ハイデガーの技術論を手がかりに

本章においては、インターネット技術が現代世界において人々の不和や断絶を深刻化させている側面があるという事実を示し、その問題発生の背景を分析したうえで、解決の道を探る。

まず**1**では、現代社会における具体的事例を挙げながら、インターネットが人々のあいだの不和や断絶を誘発し、増幅させるような役割を担ってしまっている現状を描き出す。

続いて**2**では、まず、ハイデガーの技術論を手がかりに、科学技術の「本質」（Wesen 現成）を問い、その本質はニヒリズムすなわち存在忘却であり、ゲ・シュテル（Ge-Stell）であることを確認していく。次に、そのことを踏まえたうえで、現代社会に顕現しているインターネット技術の「本質」を考究する。ネットもゲ・シュテルの一肢である。それは、人々を過剰に接近させることによって、皮肉なことに、互いの〈存在〉を忘却させるのである。

最後に**3**では、引き続きハイデガーの所論を参照しつつ、不和をもたらす技術文明の在り方からの解放の道を探っていくための展望を述べる。

1　インターネット時代における不和

1－1　仲間以外の他者を排除する装置としてのインターネット

まずは身近なケース、日本の若年層におけるネット利用から、論述を始めることにしよう。前章でも言及したように、近年、日本の若者たちにおけるネット依存的傾向――特にスマホ利用における――が社会問題として憂慮されている。近年の若者の傾向として、友人関係を非常に重視する傾向が指摘されているが、ネットは、友人とのつながりを維持・強化するために、若者にとって必要不可欠なメディアとなっている。殊にスマホは、パソコン以上に個人に密着した端末であるがゆえに、親や教師をはじめとした他人の目の届かないところで、「無媒介に」「ダイレクトに」密接なコミュニケーションをとることを常時可能にした。こうしたネット依存的傾向が、現代の若者をめぐる様々な問題に連動している。友人関係という「内輪」の世界に、彼らの時間とエネルギーを費やせば費やすほど、その分「内輪でない人間や物事」のことは配慮の対象ではなくなっていくからだ。

　海外に目を転じよう。ネットの排他的効果は、実は日本の若者のみならず、アメリカの若者にも見受けられる。ただし、日本の若者における友達グループの分断化・階層化の基準が、「コミュニケーション能力」の高低にほとんど依拠しているのに比して、アメリカの若者においては、現実社会における人種・民族差別もまた大きく反映されやすい。社会学者のダナ・ボイドが指摘しているように、学生たちがＳＮＳを通してつながっているのは、主に同人種の者である。現在アメリカ社会で深刻化している分断が、子どもたちの世界においても、ネット（とりわけＳＮＳ）によって維持・強化されてしまっている。[1] ボイドは言う。

私たちはしばしば、とりわけティーンのことを、新たなるコスモポリタン主義の恩恵をおおいに受ける者たちとみなす。しかしながら、ティーンにソーシャルメディアがどのように取り入れられているかを観察すると、インターネットが実際的にあるいは広範囲に及ぶかたちで不公平を解決していないことは明らかだ。ここで見られるのは、あまりにもよくあるパターンだ。偏見、人種差別、不寛容が染み渡っている。[2]

一九九〇年代のインターネット普及期には、ネットこそは、世界中の多様な人々との交流を可能にし、「グローバル・ヴィレッジ」を実現するツールとしてもてはやされた。しかし、少なくとも現時点では、皮肉なことに、ネットはむしろ正反対の役割を果たしていると言わざるをえない。すなわち、人々を閉じられた小集団へと分断していく、というのが、現時点でのネットの主な役割になってしまっている。

1－2　テロリズムの稼働装置としてのインターネット

さらに広く世界情勢へと目を向けていこう。

現代の国際社会において喫緊の課題となっているテロリズムを可能にしている条件の一つは、インターネットである。前近代的なイスラム過激派の活動を支えているのは、これまた皮肉なことに、アメリカが生み出したインターネットという最新技術なのである。テロリストたちは、ネットの普及によって、もはや地理的制約を受けることなく、密接なコミュニケーションをとることができるようになった。ちょうど日本やアメリカの若者たちが小集団に分断されていたように、世界情勢においては、ネットの普及によって、一九九〇年代から顕著になったナショナリズムや民族主義的傾向が強化されている。昨今社会問題の一つとなっているヘイトスピーチもまた、ネットの有する排他的効果が、その背景の一つとなっていると考えられる。こうした傾向を比較的早い時期から強調していたのは、社会学者の大澤真幸である。彼は、ベネディクト・アンダーソンの説く「ロング・ディスタンス・ナショナリズム」に想を得つつ、こう述べている。「マーブル・チョコレートのように不均一でばらばらで、いわばモザイク模様のような、そういう細かい共同体に分割された世界にこの社会は向かっている」[3]。

イスラム過激派、殊にＩＳは、インターネットをはじめとするメディアを実に巧みに活用していたことで知られている。彼らは、メディア宣伝部隊「アルハヤト・メディアセンター」を擁し、洗練された映像や雑誌をネット配信していた。それらは、巧みに人々の関心を引きつけることによって、各国のマスメディアやＳＮＳを通して、さらに「拡散」していった。特に、彼らの代表的な「作品」とも言える人質の斬首映像は、欧米の人々の心のうちに「無媒介に」「ダイレクトに」入り込み、内部から彼らを心理的に揺さぶるとともに、イスラム教徒の一部に溜飲を下げさせ、支持を集める効果ももたらした。彼らの「作品」は、綿密な演出・脚本・カメラワークによって作りこまれており、ハリウッドの映像技法の影響が見受けられる――ここでも、皮肉なことに、「アメリカが生み出した技術」が存分に活用されているのである[4]。

そして何よりインターネットは、世界中の同調者をリクルートしたり、育成したり、指示を出したりすることもまた可能にした。もはやテロリストになるために、必ずしもシリアに渡る必要はなくなった。いわゆるホームグロウン・テロリストの誕生である。例えば、二〇一五年十一月のパリにおける同時多発テロや、二〇一六年三月にブリュッセルで起きた連続テロ、同年七月にバングラデシュのダッカで起きた人質立てこもり事件の犯人たちは、ホームグロウン・テロリストであり、ＩＳから指令を受けたり、訓練を受けていた。

さらに、二〇一六年七月にフロリダで起きた銃乱射事件、同月にニースでトラックが花火の見物客に突っ込んだ事件、そしてドイツの音楽フェスで起きた自爆テロのケースにおいては、いずれも犯人は、ＩＳと直接的な接触は持ってはいないものの、主にネットを通して感化されていた単独犯、いわゆるローン・ウルフ（一匹狼）型のテロリストであった。今や、彼らのように、ネットを通してＩＳに「私淑」する「個人」が、テロのための組織への加入や組織の編成といった手続きさえショートカットして、「ダイレクトに」破壊行動へと進み始めているのである。こうしたタイプのテロは、その「密室性」ゆえに、予期が極めて困難であり、各国を悩ましている（事件後、決まって聞かれる家族や知人の証言は、「犯人が、まさか過激思想に染まっているなんて思いもよらなかった」という類のものである）。こうした密室性を可能にしているのは、もちろんインターネットであり、モバイル端末である。

2　インターネット技術とニヒリズム

2－1　技術の本質――存在論的ニヒリズム

以上、現代世界におけるネット利用の現状について、なるべく広い視野から素描を試みてきた。

この節では、視線を脚下の深みへと転じ、ネット技術の「本質」について、ハイデガーの技術論の助けを借りつつ、考察を試みたい。

まずは科学技術それ自体の「本質」について。ハイデガーによれば、科学技術とは、よく言われるように「それ自体は中立」などではなく、その本質からして、ある種の暴力性をすでに胚胎している。彼は、一九四九年のブレーメン講演で、こう言っている。

> 科学的知識はその領域、つまり対象の領域において強制力をもっているが、ディング（もの Ding）をディングとしてはとっくに虚無化してしまっている。これは、原子爆弾が爆発した時点よりもずっと前からそう

なのである。原子爆弾の爆発とは、ディングが虚無化されるという事態がとっくの昔から生起してしまっているることを確証するあらゆる粗暴な証拠のうちの、最も粗暴な証拠でしかない[5]。

この発言を理解する際の前提となるハイデガーの存在史観を、図式的にではあるが、簡単に振り返っておこう[6]。かつて、ソクラテス以前のギリシャにおいては、存在者はディングとして[7]、おのずから輝き現われていた。例えば、瓶（Krug）というディングは、水を収め、注ぎ贈り与える。そして、その水には泉が宿り、泉には天空と大地が宿っている。天空から大地へ雨として降り注ぐ水は「死すべき者」である人間の喉を潤すことだろう。死すべき者たちはまた、神的なものへと瓶から水を捧げることもあるだろう――このように、各々のディングは、各々のディングを集約し、この世界そのものを映現している。

ところが、中世になると、存在者は神という創造主体による「被造物」となってしまう。さらに近代では、存在者は、認識主体に対して立てられた「対象」（Gegenstand）となる。そしてついに、現代に至っては、存在者は、人間によって用立てられうる限りにおいて存在が許される「用象」（調達物、在庫 Bestand）へとなり下がり、科学技術が支配する時代となる。現代は、「存在忘却」「存在から見棄てられた状態」の推し進められた時代であり、ハイデガー的意味におけるニヒリズム――すなわち、ディングがディングとしては虚無である状態――の極まった時代である。世界大戦は、存在論的ニヒリズムのわかりやすい顕れの一つにすぎず、戦後の「平和」とされる時代にあっても、この技術文明のうちに、いまだその存在忘却＝ニヒリズムは伏在し続けている。現代技術は、存在の〈近さ〉を封じ、私たちから存在を遠ざけている。

周知のように、ハイデガーは、現代技術の「本質」（Wesen）を「ゲ・シュテル」（Ge-Stell）という日常語で名付けている[8]。それは、存在者を用象として顕現させ用立てる働きの総体をいう。今や自然も人間も、このゲ・

シュテルという根本動向に挑発され、強要されることによって、徴用物資として役立てられる限りにおいてその存在が許容される。あらゆる存在者は、ゲ・シュテルを構成する、取り換え可能な「断片」へとなり下がる。科学者自身さえ、決して自然の支配者ではない。彼もまたゲ・シュテルを構成する「断片」、いわゆるビッグサイエンスのための「用材」へと成り下がっており、社会や自然全体からは隔離されてしまっている。

　ハイデガー技術論を特徴づける用語の一つである「召集」（Gestellung）や「徴発」（Anforderung）は、まさに戦争用語そのものであるが、このことは、科学技術というものが、本質的に暴力的な要素を含んでいることを示唆している。ハイデガーは、現代を「原子時代」（Atomzeitalter）と随所で呼称しているが、単に原子爆弾のみならず核エネルギー技術全般が、ゲ・シュテルの支配する現代を象徴するような破壊的技術であることを、彼はその天才的な哲学的嗅覚によって探り当てていたのである。

　文化人類学者の中沢新一は、ハイデガー技術論にも触発されつつ、エネルゴロジー（Energology）、すなわち「エネルギーの存在論」の名のもと、核技術について、以下のような興味深い指摘をしている。核分裂連鎖反応は、本来ならば地球上の私たちが住まう生態圏では起こり得ず、太陽圏において起こっている物質現象である。原子力技術は、生態圏の外部に属するはずの物質現象を、私たちの「近く」へと、すなわちこの地上の生態圏へと「無媒介に」「ダイレクトに」持ち込み、エネルギーを強引に取り出そうとする点に、際立った特徴を有している技術である[9]。

　もともと、核技術が排出する放射性物質は、この地上のわずかばかりの生態圏には回収しきれないものである。太陽エネルギーは、一定の「距離」「隔たり」があってこそ、地上に恵みを贈り与えるものたりえ、私たち生き物にとって、親密なものでありえていた。ディングの哲学に沿って言えば、太陽はすでに個々の存在者のうちに映現し、本当の意味で〈近しいもの〉だった。にもかかわらず、私たちは、いわば「人工の小太陽」を作り出し、太陽との「距離」「隔たり」を除去し、あたかもわが物かのように所有し用立てようとすることによって、それを決定的に遠ざけてしまうのである。すなわち、核技術は、私たちの住処たる生態圏の「調和」を乱し、「不和」をもたらすものである。

そのことが露わになったのが、原子爆弾の投下であり、原発事故である。「平和」という目的達成のための「手段」として、核エネルギーとヒロシマ・ナガサキの市民たちが用立てられ、人々の住処を荒廃させた。続いて、フクシマにおいても、原子力の「平和」利用のためのはずの原子力発電所が、人々の住処を荒廃させ、数多くの「難民」[10]を生み出してしまったのは、記憶に新しいところである。太陽エネルギーの疎遠さが襲いかかる。フクシマの巨大な棺の中では、私たち人間の「挑発」の結果である放射性物質——自らの還り道を失った存在者たち——が、あたかも復讐するかのように、自らの存在を主張し続けている。

2-2　ゲ・シュテルの構成要素としてのインターネット——ニヒリストたちの召集

さて、私たちの目下の課題であるネット技術に視線を戻そう。

ハイデガーの技術論的観点から見て、現代社会においては、少なからぬ若者たちが、ネット技術によって「召集」されていると言える。前節で素描してきたように、その技術は、仲良しグループ、同じ人種、同イデオロギーを持つ者等といった「似た者同士」を密に接近させている。

こうした人間関係の内閉化・断片化の一要因として、第6章でも言及したように、現代社会は、自己の存在に対して肯定感を得られにくい社会、いわゆる「社会的包摂」の弱化した社会になっていることが挙げられる。かつての日本社会ならば、その倫理的是非は置いておくとして、何らかの社会的役割——例えば「武士」「農民」「一家の主」「正社員」「父」「母」等々——をきちんと果たしさえすれば、社会との一体感、ひいては自らの存在価値や人生の意味を獲得しやすかった。欧米社会ならば、無論キリスト教の「神」が与える存在承認も重要な役割を果たしていただろう。

しかし、現代では、そうした社会体制が揺らいでおり、ニーチェ的な意味におけるニヒリズム――すなわち「神の死」「価値喪失」といった意味でのニヒリズム――の時代となっている。[11] 今や、世界はあまりに疎遠であり、自己の存在価値は容易には感じ取られない。それゆえに、少なからぬ現代人たちが、自己不全感を抱き、他者からの存在承認を渇望するようになってしまった。そして、学生たちのネット依存の事例に見られたように、ネットは、承認飢餓状態の若者たちに「つながり」「絆」をもたらすものとして機能しているわけである。

こうしたニーチェ的ニヒリズムを解決する手段としてのネットの機能を、好意的に見る向きもあるだろう。しかし、すでに前節でいくつかの事例を挙げたように、ネットという技術がむしろ世界における不和、断絶を増幅させるといった皮肉な事態が起きている。

その原因は、ネット技術の有する「過剰に接近させる性質」にあると思われる。この性質は、以下の二つの仕方で他者を排斥してしまう。

まず一つ目の排斥の仕方は、自分の仲間以外の他者、自分たちの〈外〉の存在者を敵対視する、もしくは単なる「風景」としてその存在を無視する、といった排斥の仕方である。自分の仲間内だけに配慮のエネルギーが集中される結果、当然のことながら、外部の存在者には配慮が行き渡らなくなる。それればかりではない。仲間内の結束を強めるために、むしろ進んで共通の「敵」を作り上げ攻撃するのは、集団心理の常であろう。

次に二つ目の排斥の仕方について。ネット技術の「過剰に接近させる性質」は、内部の人間、自分の「仲間」の一人ひとりさえ無化してしまう。「空気を読む」「ノリに合わせる」「上から目線にならない」等といった現代日本の若者において重視される人間関係のマナーに象徴されているように、そこでは互いに「同じであること」

が過度に重視されている。しかしながら、「似た者同士」である仲間でさえ、本来は各別各異の存在者であって、決して同一の存在者ではない。にもかかわらず、同調圧力のもと、互いの〈遠さ〉自体を除去しようとすれば、一人ひとりの存在は無化し、〈関係〉それ自体が消失してしまう。そこに残るのは、のっぺらぼうのような世界だけである。教育学者・内藤朝雄の言葉を借りれば、彼らの多くには「仲間はいても、友達はいない」[12]。いわゆる「ＳＮＳ疲れ」の現象に見られるように、少なからぬ若者が、こうした現状に内心嫌気をさしている傾向も見受けられるが、それは彼らとて、個の無化の脅威を無意識のうちに感じ取っているからであろう。過剰な同一化は、個性的な人間、異他的な他者への不寛容をもたらし、「いじめ」の一要因にもなっており、若者の生活環境を過酷なものにしている。

「遠さの制覇」のためのネット技術が、皮肉なことに、他者の存在を無化していく。他者は他者として立ち現われない。そこにはもはや、〈近さ〉も〈遠さ〉も生じない。ハイデガーは言う。

> 距離をいくら思いどおりに支配したとしても、近さはどこにも生じない。近さといっしょに遠さも脱落してしまう。すべては平板化され、隔たりを欠いたものになり下がる。[13]

他者は、「自己確保」のための素材として役立つ「用象」になり下がる。「仲間」はもちろん、「敵」もまた、自己愛を亢進するための材料として「用立て」られる。人々は、とりわけマスメディア等を通して「孤独はみじめだ、異常だ」と不安を煽られ、「挑発」され、果て無き交際へと駆り立てられる。そして、いくらつながり続けても不安はやまず、より深く依存させられていく。こうして彼らは、携帯キャリアやＩＴ企業、ゲーム会社のために動員され、用立てられ、彼らに豊かに贈り与えられているはずの時間やエネルギーが収奪される。いまだ国家が執着し続ける「経済成長」のため、用立てられ続ける（ちなみに、この資本主義社会を永久に稼働させるエネルギー源として用立てられようとしているのが「人工小太陽」である原発である）。

ゲ・シュテルは、私たち大学人も見逃してはくれない。周知のように、まさに「役に立たない」との理由から人文科学削減の風潮が強くなっているが、これも大学がゲ・シュテルに取り込まれている証左であろう。大学教員は、常に「世間受け」を気にかける集金人となってしまった。また、倫理学者は、科学技術の発展・普及に「お墨付き」を与え、潤滑油を差し込む役割を担わされるようになってきている。そして、学生たちが書物を紐解き、思索家や詩人たちの〈コトバ〉を聴く機会はますます乏しくなることだろう。学生たちの言語世界は、経済的利益をたたき出すための「データ」や「数値」、そして自己愛を満たすための「つぶやき」や「スタンプ」で埋め尽くされることになるだろう。そして彼らの思索（Denken）は、「クリティカル・シンキング」や「ロジカル・シンキング」へと痩せ細ることだろう。

以上、ネットによる先進国の若者の「召集」の様子を見てきたが、さらに深刻なことには、ＩＳのケースに見られるように、世界の若者たちが戦闘員・テロリストとして、文字通り「召集」され始めている。

若者たちがテロリストになる背景は様々ではあるが、その根底に共通して見受けられる動機は、「社会からの疎外感」であり、それゆえの社会への強い敵意である。

例えば、テロリストには、移民第二世代・三世代が多い。彼らは社会的差別を受け続け、そのことが国に対する深い恨みにつながっているケースが典型的である。すなわち、この社会を「居場所」とは感じられない人々である。その多くは、軽犯罪を犯した経験のある、社会からの「はみ出し者」である。

また、特に差別を受けておらず、経済的にも貧しくなくても、少なからぬ若者が、先にも言及した現代社会特有の自己肯定感の欠落状態にあり、満たされることのない承認願望が、社会への破壊願望――要するに、「自分を受け入れないのなら、自分もお前たちを受け入れない。みんな消えてしまえ」という願望――へと転化しているケースも典型例の一つとして見受けられる。いずれにせよ、テロの背景に共通して見出せるのは、自己の存在価値を実感できないという、ニーチェ的な意味でのニヒリズムであり、このニヒリズムから抜け出すために、社会を攻撃することによって反動的に自らの存在価値を獲得しようという切望である。実は、歴史を顧みても、もともとテロリズムとニヒリズムは関連が深い。例えば一八六〇－七〇年代の「ロシア・ニヒリズム」は、ツァーリズムへの政治的反抗、テロ運動のことを指しているが、その主な担い手は、キリスト教をはじめとする旧来の価値を信じず、積極的に社会を破壊しようとするインテリゲンチャたちだった（ちなみに、このロシア・ニヒリズムこそが、ニーチェのニヒリズム論の源泉の一つになっている）[14]。また、日本における学生運動やオウム真理教によるテロリズムの背景にあったのも、この社会を自らの「居場所」とは感じられず、自分の存在価値を求める「自分探し」であったように思われる。

ＩＳによるテロの根底にあるのは、実のところ、宗教や思想上の理由などではない。ＩＳに参加しているテロリストたちの多くは、イスラム教自体には何の関心もなく[15]、過激派への参加後の改宗者も少なくない。社会から疎外された者たち――より根源的には、〈存在〉から見放された者たち――が、過激派組織によって「召集」され、時に自爆装置として「再利用」されている。彼ら自爆装置たちは、社会に復讐し、他者の存在を消去し、その反動の力で自らの生と死に「価値」「意味」を付与しようとする。

彼らテロリストという（一見すると）私たちに最も疎遠なる者たちは、今や物理的にはむしろ私たちの「隣人」として、私たちのごく〈近く〉にいる。私たちの日常生活の場が、突如「戦場」へと転化し始めている。パリが、ブリュッセルが、イスタンブールが、ダッカが、文字通り「炎上」する。

自国の「外部」へと足繁く出かけ、民間人たちを巻き添えにしつつ空爆しても、テロリストたちを殲滅しようもなかったのだ。なぜなら、テロリストたちは、私たちの隣人――もっと言えば、私たち自身の「影」であり「もう一人の、ありえた私」なのだから。なるほど、シャルリー・エブドやパリは「私」（je）かもしれない。しかし、テロリストたちもまた「私」だとしたらどうか？ 「私」の存在の内奥にテロリストが映現している。また、テロリストのうちにも「私」が宿っている（さらにまた、私たち現代人は、セシウムやプルトニウム、原子力発電所も自らの身体としている）。

インターネットは、私たちとテロリスト――それぞれの仕方で〈存在〉に見棄てられた者同士――を接近させ、邂逅させ、殺し合いへと向かわせる装置の一つとして稼働している。多くのテロリストが「自爆」という手段を進んで選択するという事実は、示唆的である。もちろん、一義的には、先述したように「殉教」することが、彼らの存在の「価値」を最高度に高める（と錯覚されている）ことにあろうが、それだけではないようにも思われる。彼らニヒリストのほとんど無意識に近いところで望まれているのは、相手も自らもともに消し去ることによって、両者がついに虚無のうちに合一することである。そこにはもう差別も争いもない絶望的な仕方での合一である。自爆によって、破滅的な仕方で、まさに「すべては平板化され、隔たりを欠いたものになり下がる」。

そして今、テロリズムは、核エネルギー技術とも邂逅しようとしている。すなわち、原子力発電所が、テロの兵器として「用立て」られようとしている（いわゆる「ダーティー・ボム」の問題）。ヒロシマともフクシマとも異なる仕方で、私たちの住処＝エートスが荒れ地へと転化しようとしている。核の閃光の中の破滅的合一――そこにはもう、互いの〈近さ〉も〈遠さ〉もない。

3　ゲラッセンハイト（放下）について

ハイデガーは、技術文明からの解放の手がかりも漠然とではあるが提示している。その手がかりとなる〈コトバ〉の一つが、マイスター・エックハルトの哲学から借りてこられた「ゲラッセンハイト」（Gelassenheit）である。[16] それは、技術文明に飲み込まれてしまうことなく、そうかといって技術文明と完全に断絶してしまうのではないような姿勢を意味する。[17] 本稿の関心事である〈距離〉論的な観点から言い換えれば、ゲラッセンハイトとは、存在者に対する近代的な「認識」「所有」「管理」モードを解除し、〈一歩引き下がる〉ような姿勢であり、存在者の存在の〈遠さ〉、すなわち〈深－淵〉（Ab-Grund）、〈拒み〉を自覚することを通して、そのものをそのものたらしめるような姿勢である。要するに、存在者との「ほどよい距離感」を保つような――やまと言葉で表現するなら、互いが完全に同一でも別異でもないような〈あわい〉を空け広げるような――姿勢である。

こうした思想を、ハイデガーは随所で仄めかしているが、具体的な方策はついに語られていない。「方法」という発想自体が近代的であるということには注意を払いつつも、ハイデガーの解決策を一歩進めることを試みるならば、フーコー的な「自己のテクノロジー」との接続が考えられる。古代ギリシャ哲学に依拠するハイデガー哲学が、やはりどこか観照的な性格を残しているのに対して、古代ローマ哲学に依拠する後期フーコーは、「自己への自己の働きかけによる自己の変貌」のための実践を掲げている。[18]

また、日本のハイデガー研究者の多くがゲラッセンハイトの訳語に当てている「放下」は、もともと禅仏教に由来する言葉である。仏教の中でも特に「行」を重視する禅の実践哲学の中にも、近代的な自我とは異なる自己の在り方へと変貌する道に関する手がかりを読み取ってみたい。

（1） cf. d. boyd, *It's Complicated: The Social Lives of Networked Teens*, Yale University Press, 2014, chap.6.（野中モモ訳『つながりっぱなしの日常を生きる――ソーシャルメディアが若者にもたらしたもの』草思社、二〇一四年、第六章）

（2） ibid., p.159.（邦訳二五九頁）

（3） 大澤真幸「電子メディアの共同体」『メディア空間の変容と多文化社会』青弓社、一九九九年、五三頁。

（4） 池内恵『イスラーム国の衝撃』文春新書、二〇一五年、第七章参照。

（5） M. Heidegger, *Gesamtausgabe 79: Bremer und Freiburger Vorträge*, Vittorio Klostermann, 1994, S.9.（森一郎／ハルムート・ブフナー訳『ブレーメン講演とフライブルク講演』〈ハイデッガー全集第79巻〉創文社、二〇〇三年、一二頁）

（6） ハイデガーの存在史観については、『存在肯定の倫理Ⅰ』第三章も参照されたい。

（7） Dingは「もの」や「物」と訳されることが多いが、本稿ではそのままカタカナ表記することにする。

（8） Ge-Stellに関しても、「集-立」（辻村公一、他）、「立て-組」（小島威彦、アルムブルスター）、「巨大-収奪機構」（渡邊二郎）、「総かり立て体制」（森一郎、H・ブフナー）等、様々に工夫を凝らした訳が試みられているが、本稿ではカタカナ表記することにする。

（9） 中沢新一『日本の大転換』集英社新書、二〇一一年参照。

（10） さらには、「難民」の子どもたちが、避難先の学校でいじめを受けてさえいる。この件を含め、原発事故がもたらした諸結果は、原発事故と「戦争」とのあいだに、私たちが思っているほどの差はないことを示唆している。

（11） ニーチェにおける「ニヒリズム」という言葉の意味については、『存在肯定の倫理Ⅰ』第二章参照。

（12） 内藤朝雄『いじめの構造――なぜ人が怪物になるのか』講談社現代新書、二〇〇九年、七二頁。

（13） Heidegger, *Bremer und Freiburger Vorträge*, S.24.（邦訳三二頁）

（14） 『存在肯定の倫理Ⅰ』、一〇-一四頁参照。

（15） オリヴィエ・ロワ『ジハードと死』（辻由美訳）新評論、二〇一九年、特に第二章を参照。

（16） vgl., M. Heidegger, *Gelassenheit*, Neske, 1959.（辻村公一訳『放下』〈ハイデッガー選集第15巻〉理想社、一九六三年）

（17） エックハルトの実践哲学においても、世俗と完全に断絶した隠遁生活ではなく、世俗の中で活動しつつも、世俗的なものに執着しないような「距離」の取り方が強く勧められている。

(18) 後期フーコーにおける自己のテクノロジーについては、『存在肯定の倫理Ⅰ』第一三章二節も参照されたい。

【第Ⅴ部】　存在肯定の倫理を生きる

――〈実践＝行〉の倫理学

なんべんさびしくないと云つたとこで
またさびしくなるのはきまつてゐる
けれどもここはこれでいいのだ
すべてさびしさと悲傷とを焚いて
ひとは透明な軌道をすすむ
――宮沢賢治「小岩井農場」

第10章 〈自己へのケア〉と存在肯定

——ガンディーとティク・ナット・ハンにおける〈平和〉の実践と思想から

【第V部】では、倫理に関する「理論家」ではなく、倫理の「実践者」たちの思想と生き様から、現代において必要とされる「生きられた倫理」の在り方を読み取り、存在肯定の倫理を具体化することを試みる。

まず本章では、東洋における二人の代表的な平和運動家、モーハンダース・カラムチャンド・ガンディー（一八六九－一九四八）とティク・ナット・ハン（一九二六－）における〈平和〉の実践および思想を参照しつつ、東洋の精神的伝統を踏まえた実践的な倫理の在り方を望見する。

「東洋」を掲げているのは、もちろん東西の対立を煽るためや、自文化の称揚のためではなく、西洋的な平和理論とは「別の見方」を提示するためである。現代社会における争いの源の一つが、そもそも近代西洋文明特有のものの見方にあるとするなら、この「別の見方」の発掘と精錬は、現代においてアクチュアルな意義を持つことになるだろう。

まず**1**では、ガンディーとナット・ハン両者の平和論における不可欠の要素として、〈自己へのケア（配慮）〉があることを指摘し、各々における〈自己へのケア〉の様相を明らかにしていく。

後半の2では、各々における〈自己へのケア〉が導くことになる存在論的境涯――それは、彼らにおける〈平和〉の実践と思想の最も深い源泉なのであるが――について論じていく。

1　東洋哲学における〈自己へのケア〉
――自己の中にある〈平和〉

ガンディーとナット・ハン両者における平和の思想と実践に共通する最も際立った特質は、平和を単に政治的な問題に限定することなく、あくまで各人の〈自己〉の在り方の問題として捉えていることである。

今日、「平和」は、達成されるべき「目的」として、主に「国家」という主体によって、多くの場合武力を「手段」の一つとして用いながら追求される事柄となっている。また、民衆たちの「平和運動」においても、西洋近代的な「個人」たちが利益をともにする者たちと集団を作ったうえで、自分たちの「権利」を声高に叫び、訴えていくという形をとりがちである――時には、目的達成のために物理的・言語的暴力に訴えることさえある。そこにあるのは、利益を異にする者たち同士が、自らを棚上げしたうえで行なう同平面上での陣地争いである。

もちろんガンディーとナット・ハンも、政治的な場面における人々の連帯と行動を重視はする。しかし、その際も、「衆愚」に陥ることだけは決して許さない。絶え間なく問われ続け、配慮され続けなければならないのは〈自己〉である。彼らにおける平和の実践は、いわば、単なる平面上の運動、パワーゲームではなく、自己を問い、深めていく「垂直運動」を常に伴っているのである。以下、詳しく見ていこう。

1－1　ガンディーにおける〈自己へのケア〉と〈平和〉

ガンディーの思想と実践を特徴づける最大のキーワードは、言うまでもなく〈非暴力（アヒンサー＝不殺生）〉である。ガンディーは、暴力に訴えることによってインド独立を達成することは無意味だと考えていた。なぜなら、それは結局「もう一つのイギリス」をこの地球上に増やすことにほかならないからだ。ガンディーは言う。

　インドはイギリス人にではなく、近代文明に踏みにじられているのです[1]。

ガンディーが本当に問題視していたのは、単にイギリスによる支配それ自体なのではなく、その背後にある近代文明――すなわち、「欲望」を是とし、煽り立て、その挙句に人間も自然もともに傷つけていくような文明、そして、武力に勝る国が「文明的」「先進的」と称されているような文明――の在り方であった。ガンディーの説いた〈スワラージ〉とは、単に政治上の自治、独立を意味するのではなく、何より欲望に隷属することなく自己を治めること、すなわち〈自己‐統治（スワーラージ）〉を含意しているのであり、それはまた近代文明から自由になることでもあった。自己を変えなくては、世界は変わらない、それがガンディー哲学の根本である。ガンディーを象徴する実践の一つである「断食」も、単に政敵たちが揶揄したような「政治的脅迫」なのではなく、自ら欲望の制御をしてみせることで、人々に「自己自身へと立ち還ること」を促すメッセージでもあった。

さて、ガンディーの実践と思想に見られる東洋的特質を三つ取り出してみたい。それらはいずれも、特に西洋的価値観からすれば、矛盾めいた、逆説的なものと映ることだろう。

東洋的特質①――非の哲学

まず第一に、〈非の哲学〉ともいうべきものが指摘できる。古くはウパニシャッドにおけるブラフマンは不可言であるという説、仏教における「空」の哲学――あらゆる物事は、実体を持たず、不可言、不可識だとする――、老荘思想における「無」の哲学――万物の根源たるタオ（道）は人知によっては把握され得ないものとする――をはじめとして、東洋哲学においては、非常に多くの場合、一見ネガティヴにも思える〈非〉のモメントが重要な思想的役割を果たしていることは周知のとおりであるが、ガンディーもまた、そうした思想的伝統を受け継いでいると言える。例えば、〈非‐暴力〉にせよ、〈不‐殺生〉にせよ、〈断‐食〉にせよ、〈禁‐欲〉にせよ、〈不‐服従〉にせよ、何らかの積極的な立場・イデオロギーを掲げ、自らを是とし、声高に主張していくのではなく、常に自らの不完全さ、真理からの隔たりを自覚する〈反省的なまなざし〉が見出されうる。ガンディーは、自らの信仰さえ「不完全なもの」とし、絶対視することを戒めている（その謙虚さは同時に、次節でも言及する「宗教上の寛容」にもつながっていくことになる[2]）。

また、先にも触れたように、イギリスそれ自体を徒に敵対視するのではなく、インドの植民地化の責任は、むしろ自分たちインド人自身にあるとさえガンディーは言っている。すなわち、インド人は、イギリス人、ひいては近代文明のもたらした物質的な豊かさの虜となり、インドを自らイギリスに差し出したのだ、と[3]。

ここには、「無限反省」とでも言うべき姿勢が読み取れるが、こうした姿勢からも、ガンディーが立ち返るべきだと説く〈自己〉とは、欲望を是とし自らを絶対視する西洋近代的な「個人」や「自我」――西洋人たちにとっての「新たな神」としての――ではないことは明白である。真理を顕現させるためには、不断の自己の問い直しが必要とされる。ガンディーにおける実践（practice）の多くが、自らを鍛え上げ変貌させていく修練としての「行」（practice）の性格を色濃く帯びている所以である。晩年のミシェル・フーコーの用語を借用して言うならば、「自己のテクノロジー」――西洋においては、ほとんど喪失されてしまった――が、東洋哲学の中では命脈を保ち続けている[4]。

東洋的特質②――〈手段－目的連関〉の解消

ガンディーの思想と実践に見出されうる東洋的特質の第二として、〈手段－目的連関の解消〉がある。ガンディーは、平和という「目的」を達成するために、暴力という「手段」に訴えることを決して認めなかった。そのような「手段」によって、平和がもたらされることはないからである。非暴力は、単なる「手段」ではなく、平和そのもの、ひいては真理そのものの顕現でもある。

東洋哲学において、こうした〈手段－目的連関の解消〉の思想を最も自覚的な形で打ち出しているのは、日本の道元であろう。彼によれば、修行とは、悟りという「目的」を達成するための「手段」でない。むしろ「修行」は、すでにある悟りそのもの、ひいては仏性という真理そのものの顕現である――これが「修証一等」の思想である。[5]

〈手段－目的連関の解消〉の思想を、時間論的に変換するならば、〈今〉という時は、未来の「目的」ための「手段」ではない、ということになる。鷲田清一が指摘しているように、prospective、progress、project、program 等といった語中の pro という接頭辞が象徴する「前傾姿勢」こそが、西洋近代以降、地球上を席巻することになるエートスであるが[6]、ガンディーは、〈今ここ〉に静かにとどまるような実践を大切にした。例えば、「チャルカ（糸車）を回す」「塩の行進」といった実践である。これらの実践も、単なる政治上の抵抗運動なのではなく、手作業や歩行といった「スロー」な振る舞いを通して各自が内なる静寂へと立ち還るという「行」的、瞑想的側面を有したものでもあり、西洋のもたらしつつあった「ファスト社会」への抵抗でもあった。それらの実践もまた、ガンディーにおいては、根源的な意味における〈平和運動〉の一つの形にほかならなかったのである。

東洋的特質③――能動的受動性

ガンディーの思想と実践に見出されうる東洋的特質の第三として、〈能動的受動〉とでも呼ぶべき姿勢が挙げられる。第一の特質として挙げた〈非の哲学〉とも関連するが、ガンディーの実践と思想は、「非暴力」に代表されるように、常に「受け身」の姿勢であり、積極的に力に訴えることがない。しかし、ガンディーは確信を持って言う。

それ［非暴力の方法］は、血なまぐさい武器の使用を伴う運動などよりもはるかに積極的なものです[7]。

この受け身の姿勢こそが、現にインドを独立へと導いたわけであるが、受け身なもの、一見弱々しいものが秘めた〈力〉への絶大な信頼が、ガンディーの実践と思想の根底にはある。

東洋哲学において、こうした〈能動的受動〉を最も巧みに思想的結晶化しているのは、やはり老荘思想であろう。そこでは、「水」や「赤子」といった例で示されるような、柔らかなもの、弱々しいものこそが、真に〈力〉を持つとされる。なぜならば、それは、〈タオ（道）〉に従った、余計なはからいのない在り方（無為自然）だからである。真の〈力〉は、この〈タオ〉に由来している[8]。

ガンディーにおいても、真の〈力〉の発現は、老荘思想における〈タオ〉のような〈根源的なもの〉に基づいている（ガンディーにおける〈根源的なもの〉については、次節において改めて詳論する）。根源近くに住まう者にとっては、そもそも戦うべき「敵」が存在しない。真の「無敵」――すなわち、「最も強い」のではなく、「敵が無い」ということ――ここに東洋的な〈力〉の秘訣がある。

1－2　ティク・ナット・ハンにおける〈自己へのケア〉と〈平和〉

ベトナム出身の禅僧ティク・ナット・ハンも、僧院にこもる伝統的仏教を批判し、「行動する仏教」(Engaged Buddhism)、「応用仏教」(Applied Buddhism) を掲げ、社会的実践を重視しつつも、やはりガンディー同様、〈自己〉へと配慮し、立ち還ることを常に強調する。平和の源泉は、垂直的に、自己のうちに見出されなくてならない。

> 悟りや平和や喜びは、だれかほかの人が与えてくれるものではありません。泉は私たちのなかにあるのです。今ここを深く掘り下げていけば、水が湧き出してきます。(9)

それゆえ、ナット・ハンにおいてもまた、平和運動は平和という未来の「目的」を達成するための単なる「手段」ではない。自己の内なる〈平和〉を涵養する具体的技法が、上座部仏教の伝統から取り入れられた「マインドフルネス（気づき）」である。これは、漢訳語の「念」を英訳した語（パーリ語では「サティ」）であるが、「念」という漢字が表わしているように、〈今〉に〈心〉をとどめ、今ここで起こっていることに目覚める瞑想を意味する。ナット・ハンは、その瞑想を、禅仏教の「行住坐臥」の伝統に結びつけ、単に座って行なうもののみに限られず、歩いたり、食事するといった日常生活の様々な場面で行なわれるべきものとしている。

ガンディーと比較した場合、ナット・ハンにおいては、この「マインドフルネス」というより具体的な方法論を持った実践＝行（practice）、〈自己のテクノロジー〉が提示されているように思われる。また、ガンディーにおける実践ほど禁欲主義的でなく、それゆえ一般の人々にも実践が比較的容易いのも、ナット・ハンの実践と思想の大きな特徴であると思われる。先の引用にもあったように、彼は「喜び」もまた重視している――言うまでもなく、それは、財産や名誉、権力や愛情等の「所有」がもたらすような類の喜びではなく、むしろそれらへの執着から解放された静寂な喜びなのであるが。こうした両者の方法論の相違をインド哲学史的背景から捉えておくならば、ヒンドゥー教徒であるガンディーが、バラモンたちが伝承してきた「苦行」（タパス）の伝統を色濃く反映しているのに対して、ナット・ハンは、むしろ苦行を放棄し瞑想に入り、智慧を得ることによって悟った開祖ゴータマ・ブッダ以来の仏教の伝統を継承していると言える。

さて、ナット・ハンもガンディー同様、西洋文明の在り方それ自体を大きく問題視している。なぜなら、それは私たちの〈自己へのケア〉を著しく阻んでいるからだ。

> 今の社会で、瞑想を行うことは、とても難しいです。すべての物事が、私たちを真の自己から引き離すために、共に働いています。ビデオとか、音楽とか、何千もの物が、私たちを真の自己から引き離す働きをしています。[10]

人々は、自らの内にある苦しみ、悩み、怒り、空虚感等と向き合い、自己をケアしていくことを恐れている。そして現代社会は、人々が自分から逃避するための装置を増加させるばかりである（近年における、インターネットやスマホは、その最たるものだろう。本書【第Ⅳ部】参照）。現代は、「もう一つのイギリス」が地球上に溢れかえってしまった時代であり、私たち現代人は「もう一つのイギリス」に自らの身体や人生を「植民地」として差し出してしまっている。

こうした問題意識があってのことだろう、ナット・ハンの活動は、特に二〇〇〇年代以降、政治上の平和運動にとどまらず、教育、医療、ビジネス、環境問題など、広範囲にわたるようになってきている。近年では、米グーグル本社でも法話を行なっており、人々の自己へのケアをむしろ手助けするような心ある技術を開発・発展させること、ビジネスに心奪われ自らの人生を喪失してしまわないこと等を経営者・技術者たちに呼びかけている[11]。

平和の礎を内なる平和に求めるナット・ハンの立場からすれば、こうした現代文明の在り方を問いただす活動もまた、広義の〈平和運動〉にほかならない。いや、むしろ、真の平和とは、単に政治上の課題なのではなく、日常の場でこそ――病院で、教室で、会社で、家庭で――生きられるべきものなのであり、〈今ここ〉で生きられるべきものなのである。

2 〈存在〉への還帰
――〈平和〉の場を開く

前節では、ガンディーとナット・ハン両者において、〈自己へのケア〉こそが、平和をもたらすのに不可欠な要素であることを確認した。

人間の〈倫理〉を深いところで支え、その生命を吹き込んでいるのは、この世界の〈存在〉をどのように感受しているかである。それゆえ、本節では、彼らの〈自己へのケア〉が開く風光を、東洋哲学における存在論的コンテクストに目配りしつつ、描き出してみたいと思う。あらかじめ言っておくならば、〈自己へのケア〉がもたらすのは、西洋近代的な「自己実現」や「自己確立」ではない。それは、むしろ自己を無限の世界へと微塵に散開させていくことであるという事態――またしても逆説的な事態――を私たちは見ることになるだろう。

2－1　ガンディーにおける〈存在〉への還帰——不二一元論と母なるもの

ガンディーは、非暴力の思想と実践の根拠について、こう言及している。

> 非暴力の根元に不二一元論が含まれています。そして、もし生き物すべてが一元であるとしたら、ある者の罪の影響は他に及ぶことになりますから、人間は暴力からまったく無縁でいられるわけにはいきません[12]。

不二一元論とは、周知のように、あらゆる存在者は、真実にはブラフマン（＝アートマン）であり、ブラフマン以外の「第二のもの」は存在しない（不二＝アドヴァイタ）とするシャンカラの根本思想である。ガンディーは、不二一元論の名のもと、すべての人間は——「敵」とされている者でさえ——同じブラフマンなのだから決して別個の対立した存在者ではない、よって他者を傷つけることは、結局のところ自らを傷つけることであり、逆も然りである、という倫理を導くわけである。

インド哲学史のコンテクストから、いま少しガンディーの存在論と倫理観について分析してみよう。ガンディーが言うところの「不二一元論」は、インド哲学における分類に厳密に従えば、シャンカラの説いた不二一元論そのものではなく、むしろシャンカラ以後の新しいタイプのヴェーダーンタ哲学に近いように思える。すなわち、もともとシャンカラは、究極的にはブラフマンのみが実在だとし、この現象世界、個々の存在者はあくまでも「無明」が引き起こしている幻影（マーヤー）にすぎないということを強調する徹底的な一元論の立場をとっていた。それゆえに、実践面においては、彼は強力な出家主義の立場を採る（ヒンドゥー教において、僧院制度を初めて導入したのは、彼である）。

それに対して、シャンカラ以後のヴェーダーンタ哲学では、ラーマーヌジャやマドヴァに見られるように、シャンカラ哲学が有する幻影主義的な性格が批判されるようになる。現象世界、個々の存在者の実在性が強調され、世俗世界も重視する立場が徐々に優勢になっていく。ガンディーは、社会的実践重視という点においては、明らかにこの新しい流れに属する。

ただし、シャンカラ以後のヴェーダーンタ哲学では、ヒンドゥー教の信仰との整合性も重視されるがゆえに、非人格的・中性的原理であったブラフマンは、徐々に人格神ヴィシュヌと同一視され、バクティ信仰と融合していくことになるが、この点においては、ガンディーは明らかに見解を異にしている。すなわち、彼は「真理は神である」とし、偶像崇拝を否定し、儀礼を軽視している。この点に関しては、徹底的なブラフマン一元論の立場を採るがゆえに、人格神の存在を究極的には認めなかったシャンカラの立場に近い。シャンカラにとっても、ガンディーにとっても、神的なものは崇拝の「対象」ではなく、一体化すべきもの、いや、すでに自己と一体のものである。

ガンディーにおける〈唯一なるもの〉への信仰は、彼の「母性信仰」にも深く結びついているように思える。すべての存在者を生み出し、包みこむ存在としての〈母なるもの〉、それは彼にとって当然〈非暴力〉の象徴でもあった。彼は、晩年には男性性を放棄し、「女性になる」こと——まさに、〈母なるもの〉と一体化すること——を目指すようにさえなった。山折哲雄は、ガンディーの母性信仰には、母プトリバーイの影響が大きいとしている。プトリバーイは、非常に信心深く、他者に親切な人柄であり、時に「断食」を実行していたという。[13]こうした生育環境における影響に加えて、インド思想史的観点からは、ヒンドゥー教における女神崇拝、さらに遡れば、アーリア人侵入以前から存在した土着的な母神崇拝というインドの大地に脈々と伝わり続ける精神的伝統を継承している側面もあることもまた見逃してはならないだろう。[14]

さて、以上のような存在論・真理論的背景のもと、ガンディーは諸宗教同士の融和を説く。すなわち、すべての宗教は、唯一の真理へと至る別々の道にすぎないとする「万教帰一」の考え方である。実際、彼のアーシュラムでは、キリスト教、イスラム教、仏教等、様々な宗教の流儀に従った礼拝も行なわれていた（これらは、先に述べたように、「偶像崇拝」としてではなく、瞑想的な「行」として行なわれていた）。彼の万教帰一の思想は、直接的には、十九世紀から二十世紀に起こった復古主義（ヒンドゥー・ルネサンス）におけるシャンカラ的一元論復興の潮流を反映したものではあるが、ガンディーの功績は、やはりその思想を単なるイデオロギーとしてインテリ層にとどまるものとせず、民衆化し、生きたものにしたことに求められるであろう。すなわち、ガンディーは、〈唯一なるもの〉への帰還を可能にする「行」を、「断食する」「歩く」「チャルカを回す」などといった仕方で、象徴的に、平易に示すことによって、インドの民衆が長らく人格神へと費やしてきたバクティの熱情を、実践＝行のほうへと向け変え、集約していったのである。

2－2　ティク・ナット・ハンにおける〈存在〉への還帰――インター・ビーイング

禅僧ナット・ハンにおける存在論は、中観派の祖師ナーガールジュナによって確立された大乗仏教存在論の根本思想――すなわち〈空＝縁起〉の思想――に則ったものである。すなわち、あらゆる物事は、自性＝実体を欠いており（空）、相互に依存しあって初めて存在している（縁起）、という思想である。この縁起の思想をさらに深化させたのが、中国の華厳哲学における「事事無礙」論――すなわち、一つ一つの存在者の内に他のすべての存在者が含まれている（一即多、多即一）とする思想――であるが、詩人でもあるナット・ハンは、この思想を詩的に、そして平易に、描き出してみせる。

> もし、あなたが詩人であるならば、この一枚の紙のなかに雲が浮かんでいることを、はっきりと見るでしょ

う。雲なしには、水がありません。水なしには、樹が育ちません。そして、樹々なしには、紙ができません。ですから、この紙の中に雲があります。[15]

あらゆる物事を実体視しない無分別智（般若）――それは、上記の引用の中では「詩人の目」とされている――からすれば、「紙」という存在者は、実体として存在しているのではなく、すべての事物の連鎖に縁って起こっている。「雲」「水」「樹」のみならず、樹を育てる「太陽の光」、樹を切り倒す「樵」、樵の糧となる「パン」、「パン」の原料となる「小麦」、「樵」を生み出した「父母」……といった具合に。もちろん、私たち自身も、その紙を「見る」「用いる」等という仕方で、その紙の存在に参入している。その意味で、個々の事物の中には、すべての事物が映現しているのである。事事無礙論の要諦は、単にすべての事物が相互につながっている、ということだけではない。井筒俊彦による巧みな表現を借りて言えば、すべての事物が「相互滲透的に」関連しあっているということである。[16]

こうした存在の理を、ナット・ハンは、英語で〈インター・ビーイング（相互存在）〉と表現している。そして、この〈インター・ビーイング〉の存在論こそが、ナット・ハンの倫理の根底をなしている。

あなたが胸に抱いている苦しみは、社会そのものです。〔…〕あなたが瞑想をするとき、自分だけのためにするのではありません。社会全体のためにするのです。[17]

個人を苦しめている諸問題は、決して社会全体と無関係ではない。私たちの存在は〈インター・ビーイング〉であり、社会の歪みが、各々の心を歪ませている側面があるからだ。また逆に、この社会を苦しめている諸問題は、決して私たち一人ひとりと無関係ではなく、責任は完全には免れえない。私たちの無配慮なライフスタイルが、この社会——さらには自然——を損傷している面もあるからだ。それゆえ、瞑想をはじめとする〈自己へのケア〉は、決して自閉的な営みでなく、社会を改善していく実践であり、〈平和運動〉そのものでもある。

以上のような縁起思想の伝統に基づくナット・ハンの存在論・倫理観は、インドの正統派哲学の流れを継ぐガンディーの見解に比して、特に現代社会においては倫理的優位性を持っているように思われる。ガンディーに限った話ではないが、一元論的な思考には、現実的・具体的世界を生きる〈個〉の存在を、結局のところ「唯一のもの」「大いなるもの」へと還元し、抹消してしまうという全体主義的な危険性を常にはらんでいる。もちろんガンディー自身は、個の尊厳を軽んじることなどは決して認めないだろうが、殊に〈母なるもの〉の存在は、ユングのグレートマザー論も示唆しているように、われわれ「子どもたち」を飲み込み、喰らいつくす側面も秘めていることに注意せねばならない[18]。しかし、ある種の無神論的立場をとる仏教の〈空＝縁起〉論には、他なるものに配慮することがむしろ個を輝かし、個に徹することがむしろ他なるものを輝かすような、〈相互滲透〉的な実践を導き出す力を秘めているように思える。

以上のようなインド哲学の正統派に属する一元論的思考と非正統派である仏教的思考の相違は、両者における「不二」という用語の意味の相違に顕著に表われている。すなわち、ヴェーダーンタ哲学における「不二」とは、先述のように、サンスクリット語では「アドヴァイタ」といい、ブラフマン以外の「第二のもの（ドヴァイタ）」が「無い」ことを含意している。一方、仏教哲学における「不二」とは、サンスクリット語では「アドヴァヤ」といい、自と他、有と無、上と下、生と死等といった対立的二項の各々は、実体としては存在しないことを含意している。

以上のような「唯一のもの」「大いなるもの」を想定しない——ニーチェ的に表現すれば「背後世界」を捏造

しない――仏教的な存在論は、「神無き時代」を生きる現代人にも比較的受け入れやすいように思える。

さらに、ナット・ハンのインタービーイングの存在論が有する現代性として挙げられるのは、「輪廻」の解釈である。「輪廻」という、インド文化園では今日に至るまで強固に存在し続けている死生観を導入したことは、仏教哲学の歴史においてはアキレス腱であり続け、特に「無我」の説との整合性をめぐって正統派哲学からの格好の攻撃対象となってきた。現代でも、そもそも開祖のゴータマ・ブッダ自身が輪廻を認めたか否かは、学者や仏教者のあいだの論争の的であり続けている。しかし、ナット・ハンは、インタービーイングの存在論に基づきつつ、輪廻説に以下のような「改釈」を与えている。

> 私の継続した身体を見るのに、私が他界するまで待つ必要はない。〔…〕死後ではなく、いま私を探してほしいのだ。私はすでにたくさんの子どものなかに再生している。〔…〕何百、何千もの私の継続した身体は、気づき（マインドフルネス）の修練 (practice) を続ける若者たちのうちに生きている。[19]

人は、「死んで、生まれ変わる」のでない。インタービーしている私たちは、その行為や言葉、生き様、存在そのものを通して、他の存在者たちの内に刻々に「転生」しているのだ。いわゆる「輪廻」の世界観は、やはりインド文化圏固有の「物語」であり、他文化圏の人間には容易には受け入れられないところがあるが、ナット・ハンによる「改釈」は比較的現代人にも受け入れやすいように思われる。

さて、ナット・ハンは、ガンディー同様、特定の宗教を絶対視することを戒めるが、その論拠もやはり仏教哲学の伝統に根ざしており、ガンディーにおける一元論に依拠した「万教帰一」とは思想的背景を異にする。もともと仏教では、ゴータマ・ブッダ自身が、「無記」の実践にも表われているように、何らかの特定のドグマに固執し、互いに争うことを「執着」として退けていた。仏教の非常にユニークな点であるが、この姿勢は、仏教それ自身にも明確に向けられる。すなわち、「彼岸へと渡る筏」「月を指す指」等の譬えで示されてきたように、仏の教えそれ自体も、平安へと導くための「方便」にすぎず、絶対視し執着してはならないのである（こうした姿勢を説く、仏教思想史上最も過激な表現は、やはり臨済の「仏に逢うては仏を殺せ（逢佛殺佛[20]）」であろう）。ナット・ハンは、こうした伝統に則り、以下のような「戒」を提唱している。

　どのような教条、理論、イデオロギーであっても、たとえそれが仏教のものであっても、それを盲目的に崇拝し、あるいはそれに縛られてはならない。すべての思想体系は、人を導くための手段であって、絶対的真理ではない。[21]

こうした立場を根底に、ナット・ハンは、あらゆる党派に対して中立の立場を保ち、融和を図っていこうとする。実際、ベトナム戦争の際も、南北いずれかに加担することはなかった。言うまでもなく、これは、仏教の〈中道〉の政治的実践でもある。

　何らかの絶対的なもの、究極的なものを想定し、その下にすべてを束ねていこうとする一元論的発想が、容易に「神々同士の争い」へと反転しがちな危険性をはらんでいるのに対し、そうした想定を厳しく禁ずる仏教的発想は、やはり現代においては大きな可能性を秘めているように思える。

　ナット・ハンが〈自己へのケア〉を通して常に立ち還ろうとするのは、そうした唯一のもの、絶対的なものではなく、むしろ〈今ここ〉という何気ない日常――あまりに間近であるがゆえに、最も忘却されがちな、いわば〈此岸という彼岸〉――である。真・善・美はすでに〈今ここ〉にある――より正確に言えば、それらは〈今ここ〉そのものである。

　奇跡は、水の上を歩くことではなく、この大地の上を歩くことだ[22]。

〈今ここ〉という神秘を生きること、それはドグマとしての「宗教」を信じたり教団に所属することでなく、むしろ〈非－宗教〉を生きることであり、それはまた同時に、〈宗教の中の宗教〉、「宗教」以前の〈宗教〉を生きることでもある。先に触れたようにナット・ハンは詩人でもあるが、彼は、本当の〈詩〉は机に向かってひねり出すようなものではなく、日々の何気ない暮らしの中で刻々生み出されているものだと言う。

　そう、私たちがすることは何であれ、気づき（マインドフルネス）をもって行えば、詩になり、絵になります。レタスを栽培することだってひとつの詩です。スーパーマーケットに歩いていくことも一幅の絵になります[23]。

「宗教」以前の〈宗教〉を生きること、それは「詩」以前の〈詩〉を生きることでもある。真の〈平和〉は、「詩人の眼差し」を通した日常における美の顕現と切り離すことはできない[24]。

　神の国でも仏陀の浄土でも、真の平和な場所は、私たちの目覚めの力しだいなのだと気づきました。私たち自身が、今ここで自分を取り巻いているすべての生命の驚異に、目覚められるかどうかなのです[25]。

ナット・ハンにおいては、私たちが還るべき本当の故郷（「神の国」「浄土」）は、地球上を水平方向に探し回っても見つからない。また未来や過去にあるわけでもない。垂直方向へと向かうこと、すなわち〈自己へのケア〉を通し、〈今ここ〉の忘却から目覚め続けることにしか、本当の居場所は見出せないのである。

3　現実と理想のはざまで

彼らにおける平和の実践と思想における核とも言える「非暴力主義」に対する根強い批判として、「それは理想にすぎない。あまりに楽観的なユートピア論にすぎない」といった現実主義的立場からの批判――苛立ちと嘲笑を多分に含んだ――がある。

そうした類の批判に対して、もちろん彼らも自覚的であった。途方もない「理想」を描いたからこそ、ガンディーは、反照的に、人間の限界と不完全さに常に注意し、絶え間なく〈自己へのケア〉を続けることができたのだとも言える。また、ナット・ハンは、理想を掲げる意義を、「北極星」の譬えで説明している。すなわち、私たちは北極星自体に行くことはできないかもしれないが、北極星は方角を示してくれている。そのように、「理想」の存在は、私たちが自己の位置を確かめ、進むべき方角を示してくれるという「現実的な」役割を果たしてくれているのだと。[26]

さらに言えば、非暴力は、彼らにおいて、単なる「理想」として夢想されたものではない。むしろ、「現実主義者」たちが、「現実」と呼んでいるものこそ、そもそも彼らにしてみれば、「妄想」にすぎない。すなわち、不二一元論の用語で言えば「マーヤー」、仏教用語で言えば「分別」の所産にすぎない。

私たちが「現実」と呼び習わしているものの虚妄性が比較的露わになりやすい場面を挙げるなら、それは、死の床であろう。そこにおいては、あんなに追い回してきたはずの富も名声も、権力も愛情も、世俗的な諸価値は色褪せていく。そこにはもう勝ち負けも、上も下も、右も左もない。いまベッドに投げ出されているのは、人生の終焉を迎えようとしている寝間着を着たひとりの人間にすぎない。私たちの多くが、否が応でも「垂直軸」を辿らなくてはならない瞬間である（第2章も参照されたい）。

そうした「妄想」以前のリアリティ、「現実」以前の〈現実〉に立ち還ることこそ、彼らの平和哲学の基礎であった。その点において、彼らの非暴力主義は、「現実主義者」以上に現実主義的である。

「現実」を形作っている分別に付き合いつつも、それを唯一の世界とみなし、飲み込まれてしまうのではなく、「現実」以前の〈現実〉を透かし見つつ、それを「北極星」とし、生きる指針とする、それが彼ら東洋の賢者たちの示唆する生き方であろう。

日本の憲法九条に対しても理想主義的に過ぎるという批判が常につきものであるが、それは、「北極星」として、私たちを自己へと立ち還らせる役割を果たしうるものだ。また、それは、単なる夢想としての「理想」を掲げたものなどではなく、むしろ「妄想」以前のリアリティ、「現実」以前の〈現実〉、「詩」以前の〈詩〉を、この世俗世界のうちに一瞬煌めかせるものとして、東洋哲学的観点から新しく生命を吹き込んでいくことが可能であるように思う。

（1）M・K・ガンディー『真の独立への道（ヒンド・スワラージ）』（田中敏雄訳）岩波文庫、二〇〇一年、四九頁。

（2）「わたしたちは、いまだ神を実感し悟得していないのですから、宗教を完全には理解していません。わたしたちが頭に思い描いている宗教は、このように不完全なのですから、つねにそれは発展途上にあり、理解を新たにする必要があります。」（『獄中からの手紙』（森本達雄訳）岩波文庫、二〇一〇年、六九頁）

（3）ガンディー『真の独立への道（ヒンド・スワラージ）』、四三－四八頁参照。

（4）現代における東洋的「行」の意義に関しては、西谷啓治「随想Ⅰ（風のこころ）」『西谷啓治著作集』第二〇巻、創文社、一九九〇年参照。

（5）道元『正法眼蔵』「弁道話」、参照。

（6）鷲田清一『だれのための仕事』岩波書店、一九九六年、一五-二七頁参照。

（7）M・ガンディー『わたしの非暴力1』（森本達雄訳）みすず書房、一九九七年、七二頁。

（8）『老子』第八章、第五二章、第五五章、第七六章、第七八章、および『荘子』斉物論篇、参照。

（9）Thich Nhat Hanh, *Peace is Every Step: The Path of Mindfulness in Everyday Life*, Bantam Books, 1991, p.41.（池田久代訳『微笑みを生きる』春秋社、一九九五年、五二頁）。以下、ティク・ナット・ハンの著作の日本語訳に関しては、基本的に翻訳書に従っているが、本文に合わせて一部訳し直している。

（10）Thich Nhat Hanh, *Being Peace*, Parallax Press, 1987, p.17.（棚橋一晃訳『ビーイング・ピース』壮神社、一九九三年、一三頁）

（11）この法話の内容については、以下の文献において、ナット・ハン自身が報告している。ティク・ナット・ハン「テクノロジーとマインドフルネス」（島田啓介訳）『サンガジャパン』vol.19、サンガ、二〇一五年。

（12）M・K・ガーンディー『ガーンディー自叙伝2』（田中敏雄訳）、平凡社、二〇〇〇年、一七一頁。

（13）山折哲雄『母なるガンディー』潮出版社、二〇一三年、二八-三三頁参照。

（14）もちろん、インドの伝統思想以外にも、キリスト教、トルストイ、ラスキン、ソロー、神智学などの影響も見受けられる。ガンディーの思想形成については、ロベール・ドリエージュ『ガンジーの実像』（今枝由郎訳）白水社、二〇〇二年、第三章、石井一也『身の丈の経済論——ガンディー思想とその系譜』法政大学出版局、二〇一四年、第三章、参照。

（15）Thich, *Being Peace*, p.51.（邦訳七一頁）

（16）井筒俊彦「事事無礙・理理無礙」『井筒俊彦全集』第九巻、慶應義塾大学出版会、二〇一五年、五二頁。

（17）Thich, *Being Peace*, p.52.（邦訳、七三頁）

（18）さらに、すでにフェミニストたちが的確に批判しているように、「女性差別の固定化」という危険性をはらんでいることにも注意しなくてはならない。

（19）Thich Nhat Hanh, *No Death, No Fear: Comforting Wisdom for Life*, Riverhead Books, 2002, p.123.（池田久代訳『死もなく、

怖れもなく』春秋社、二〇一一年、一四七頁）

（20）『臨済録』「示衆」。

（21）Thich, *Being Peace*, p.90.（邦訳一三八頁）

（22）Thich, *No Death, No Fear*, p.97.（邦訳一一七頁）

（23）Thich, *Peace is Every Step*, p.40.（邦訳五〇頁）

（24）平和と美の内的連関を自覚的に説いている東洋の思想家としては、岡倉天心、柳宗悦が挙げられる。

（25）Thich Nhat Hanh, *Creating True Peace: Ending Violence in Yourself, Your Family, Your Community, and the World*, Atria Paperback, 2003, p.197.（塩原通緒訳『禅的生活のすすめ』アスペクト、二〇〇五年、二六六頁）

（26）Thich, *Being Peace*, p. 100.（邦訳一五二頁）

第11章 功利主義・義務論・徳倫理学から〈距離〉を置く

――宮沢賢治の実践と思想を手がかりに

本章では、宮沢賢治の作品と実践を倫理学的観点から分析することによって、その倫理思想としての特質を明らかにしていく。賢治はもちろん倫理学者ではないが、彼ほど「倫理を生きよう」とした実践的人物はそうそういない。にもかかわらず、少なくとも倫理学の分野においてはさほど熱心に研究されてこなかった[1]。その理由の一つとしては、「倫理を語る」人々、すなわち哲学者・倫理学者の思想を研究対象とするという（ある意味では不思議な）伝統が倫理学にはあることが考えられる。また、国体護持の思想の色濃い国柱会への入会[2]や戦中戦後に「雨ニモマケズ」が国策協力に利用されてしまったこと[3]に見受けられるような、賢治思想の危うい側面を懸念する向きもあるだろう。あるいは、「聖人君子」としての賢治というパブリックイメージに対する漠然とした反感や、「国民的作家」としての圧倒的な名声ゆえの「嘲り」も、軽視の背景にあるかもしれない。

本稿では、賢治思想の抱え持つ危険性には注意を払いつつも、「倫理を生きよう」とした彼の生涯と思想から、現代の倫理学が見過ごしてしまっているものを見出し、現代において切実に必要とされている〈生きられた倫理〉の姿を描き出す手がかりを得たい。

そのための具体的方法として、現代倫理学、特に英米系倫理学において分類される規範倫理学の三つの主要な立場、すなわち①功利主義（帰結主義）、②義務論、③徳倫理学（および、近似した立場である共同体主義とケアの倫理）と賢治の倫理思想を比較考察することを通して、その特質を明らかにしていく。もちろん、規範倫理学の三つの主要な立場それぞれの中にも多様な争点があるので、あくまで最大公約数的・教科書的な基本思想との比較ということになる。

1　功利主義と賢治
——〈ほんとうのさいわい〉をめぐって

功利主義は「幸福」を倫理の原理とする立場であるが、賢治文学においても〈ほんとうのさいわい〉[4]が重要なキーワードとなっているし、何より彼の生涯が、人々の幸福を希求していく歩みにほかならなかった。また、「世界がぜんたい幸福にならないうちは個人の幸福はあり得ない」（一三巻、九頁）[5]というよく知られた賢治の言葉に、功利主義における公益重視の立場との類似点を見出すことも可能かもしれない（なお、この賢治の言葉が有する危険性については、**3**で言及する）。

ならば両者の相違はどこにあるのだろうか？　やはりそれは、両者の考える「幸福」の実質的内容にあるように思う。賢治が描き出す〈ほんとうのさいわい〉——この「ほんとうの」という修飾語それ自体が、一般的な「幸福」に対する批判意識をすでに予告しているが——それは、功利主義者たちが描き出す幸福とは随分と異なっている。

以下では、賢治の描き出す〈ほんとうのさいわい〉の特質を、彼の作品から三つに分類して抽出していきたい。

①自然との交歓としての〈ほんとうのさいわい〉

この自分が、自然の中へと溶け込んでいくこと、万象のうちへと還っていくこと、それに伴い湧き出る歓び、それこそは、賢治文学の根底をなす感覚の一つと言ってよい。

いま「自然」という言葉を用いたが、それは、賢治文学においては、単に動植物や鉱物など、人間に対立する存在者の領域のみを指すのではない。例えば、詩「小岩井農場」において、賢治はこう詠う。

すみやかなすみやかな万法流転のなかに
小岩井のきれいな野はらや牧場の標本が
いかにも確かに継起するといふことが
どんなに新鮮な奇蹟だらう（二巻、六三頁）

かつて後期ハイデガーが、ギリシャ語の自然〈ピュシス〉という語に対して解釈したように、賢治において自然は、人間自身や人工物をも含む「万物」を指すと同時に、何よりそれら存在者が「いかにも確かに継起するといふこと」、すなわち〈存在〉それ自体、この世界が在ることそのものをも含意しているように思える。一方、例えばミルには、典型的に西洋近代的な自然観が見受けられる。すなわち、自然は人間に対立する単なる「対象」、しかも操作・支配すべき対象とみなされている（また、後に本稿でも言及することになる自然の根源的な「非知性」にも彼は鈍感である[6]）。

さらに、童話「虔十《けんじゅう》公園林」も見てみよう。主人公は、知的障害者らしき子ども、虔十である。その虔十は、

「雨の中の青藪を見てはよろこんで目をパチパチさせ青ぞらをどこまでも翔けて行く鷹を見付けてははねあがって手をたゝいてみんなに知らせました」（一〇巻、一〇三頁）、「風がどうと吹いてぶなの葉がチラチラ光るときなどは虔十はもううれしくてうれしくてひとりでに笑へて仕方ない」（同前）。

このように自然と交歓しやすい身体を持った虔十——作者の賢治自身、農学校の教員時代、遠足などの折に突然「ホホホー」と奇声をあげて野を駆け回ったり踊ったりしたというエピソード[7]に見られるように、そうした類の身体の持ち主だったが——彼は、まさにそれゆえに、他の子どもたちから、「足りない」人間として、嘲笑の的になっている。その虔十が、ある日突然「家の裏の野原に杉を七百本植えたい」と父母に苗の購入を頼み、植えることになる。しかし、その土地は痩せていたため、杉は発育不良で背は低いままであった。また、虔十は、枝打ちをやり過ぎてしまう。しかし、まさにそれら「失敗」ゆえに、たまたまその場は良い具合の遊歩道となり、近くの学校の子どもたちが遊び場として集まってくるようになる。子どもたちが遊ぶ姿を眺めることが虔十の歓びとなった。その後虔十は若くして亡くなるが、やがてその広場は「虔十公園林」と名付けられ、周辺の開発が進む中、大切に保存されることになる。そして物語の終盤、賢治はこう語る。

> 全く全くこの公園林の杉の黒い立派な緑、さわやかな匂、夏のすゞしい陰、月光色の芝生がこれから何千人の人たちに本統のさいはひが何だかを教へるか数へられませんでした。（一〇巻、一一〇頁）

かつて虔十が感受していた自然との交歓、すなわち〈ほんとうのさいわい〉を、この公園林という場は多くの人々に贈与し続けている。虔十という「足りない」子どもが、痩せた土地の「足りなさ」が原因で発育不良に陥った杉の「足りなさ」ゆえに、大きな恵みをもたらしたわけである——荘子の言葉を用いれば、「無用の用」

が、この作品の一つのテーマになっている。さらに重要なことは、虔十がもたらした恩恵、すなわち「子どもたちの遊び場」もまた、例えば鉱脈のように生産主義的な意味において「役に立つ」もの、利益をもたらすものではないということだ。〈ほんとうのさいわい〉は、そんな位相に在る。

功利主義者たちは、こうした〈ほんとうのさいわい〉を、多種多様な「幸福」のリストの中の一項目として並列させてしまうかもしれないし、あるいはミルのように「快楽の質の差異」として理解してしまうかもしれない。しかし、それらのあいだには、いわば「存在論的な差異」がある。〈ほんとうのさいわい〉は、「自我」が抱く快苦の感情でもなければ、「自我」が実現を望んでいる対象でもない。それはむしろ、「自我」それ自体が自然＝存在へと融解したときに、初めて立ち現われるものである。それは、この世界の〈存在〉そのもの、生きて在ることそれ自体を是認しているような根源的な力であり、「自我」が追い求める諸々の功利をそもそも功利として成立させているものである（例えば、生きて在ることそれ自体が根底的には肯定されていないのなら、そもそも様々な快や財を求め、獲得する動機が持てるだろうか）。その意味において、〈ほんとうのさいわい〉は、「自我」が感受したり判断する「幸不幸」の手前にあり、諸々の功利の根底をなすものである。

②「非知なるもの」としての〈ほんとうのさいわい〉

以上に確認した〈ほんとうのさいわい〉の特質、すなわち「自我」が自然＝存在へと融解したときに、初めて立ち現われるものであるという性質と深く関連して、賢治の言う〈ほんとうのさいわい〉のもう一つの側面が立ち現われる。例えば「銀河鉄道の夜」の終盤、主人公ジョバンニは、「みんなのさいはひ」を探すことを友人カムパネルラに誓うが、その後こんな問答が続く。

「けれどもほんたうのさいはひは一体何だらう。」ジョバンニが云ひました。
「僕わからない。」カムパネルラがぼんやり云ひました。（二一巻、一六七頁）

〈ほんとうのさいわい〉——それは「わからない」ものでもある。その理由を存在論的観点から解釈するならば、〈ほんとうのさいわい〉は確かに存在しながらも、「自我」の知的まなざしからは身を隠すものだからである。それは、虔十のような「足りない」子どもではない私たち賢しらな大人にとっては、そのままでは入っていけない領域にあるものだからである。それは、定義されえないもの、「本質存在」(essentia)として確定しえないもの、すなわち「何」とも言えないものであり、その意味で己を隠すことを好む自然＝存在に属するからである。

「銀河鉄道の夜」において、こうした〈ほんとうのさいわい〉の非知性への言及の直後、必然的に登場するのが「石炭袋」である。

「あ、あすこ石炭袋だよ。そらの孔だよ。」カムパネルラが少しそっちを避けるやうにしながら天の川のひとところを指さしました。ジョバンニはそっちを見てまるでぎくっとしてしまひました。天の川の一とこに大きなまっくらな孔がどほんとあいてゐるのです。その底がどれほど深いかその奥に何があるかいくら眼をこすってのぞいてもなんにも見えずたゞ眼がしんしんと痛むのでした。（同前）

「石炭袋」「そらの孔」は、この世界の存在の〈深淵〉、無底を表わす。それは、知の対象ではありえない〈謎〉であり、それがもたらす感情は、「ぎくっと」するような、一つの戦慄である。

〈ほんとうのさいわい〉は、功利主義者たちが考えるような、単なる快楽でも利益でもない。それは、存在への戦慄と不即不離のものであるからだ。〈ほんとうのさいわい〉は、計測できない。そもそも理性による計算の対象ではないからである。〈ほんとうのさいわい〉は、予測もできない。功利主義に対する批判者たちがしばしば指摘するような「将来の予測の困難」ゆえではなく、それは、すでに私たちの脚下に到来しているからである。〈ほんとうのさいわい〉は、比較不能である。それは単に、功利主義に対する批判者たちがたびたび言及するような「幸福感の個人間における相違」ゆえではなく、そもそもそうした「個人」が所有できる対象ではないからである。

③「追い求めるもの」としての〈ほんとうのさいわい〉

以上の第一、第二の特質と深く関わりつつ、賢治の描く〈ほんとうのさいわい〉の第三の特質が立ち現われる。それは、「追い求めるもの」としての〈ほんとうのさいわい〉である。「銀河鉄道の夜」における「石炭袋」の描写後、ジョバンニは、こう決意を表明する。

> 僕もうあんな大きな暗の中だってこわくない。きっとみんなのほんたうのさいはいをさがしに行く。（同前）

ここでの「大きな暗」は、決して忌避されるべき対象ではない。単に「こわい」だけの場ではない。むしろ、その内へとわが身を放ち入れるべき場である。ここでの〈ほんとうのさいわい〉の追求は、通常の幸福追求のように、現在の無の状態から将来に幸福を実現するということではなく、むしろ、すでに到来しているもの、忘却されがちなもの――すなわち存在の充溢のうちへと還っていくことである。そして、それは、ひとたび到達されれば完結するものではなく、求め続けなければならないものである。なぜなら、それは、自我による所有や固定化を拒む深淵であり、謎であるからである。殊に、虔十のように容易に存在の充溢のうちに安らぐことができる子どもではもはやない私たち大人にとっては、強い意志によって、その頼りない幻影を手がかりにしつつ、継続的に立ち返らなくてはならない、探し求めなくてはならない場である。

こうした思想は、「農民芸術概論綱要」においては、以下のように表明されている。

> 正しく強く生きるとは銀河系を自らの中に意識してこれに応じて行くことである
> われらは世界のまことの幸福を索ねよう
> 求道すでに道である（一三巻、九頁）

ここでの「銀河系」は、本稿の文脈で言い換えるならば、自然、存在を意味する。自我の根底を突き破ってやってくる存在の声に耳を傾けること、それが賢治の倫理の根幹にある。そうした存在への応答こそ、「世界のまことの幸福を索ね」ることである。「求道すでに道である」のは、先述のように、〈ほんとうのさいわい〉を求めるということは終点なきプロセスそのものだからである。かくして賢治は言う、「永遠の未完成、これ完成である」（一三巻、一六頁）。

自我それ自身は、〈ほんとうのさいわい〉に到達することはないが、だからといって、〈ほんとうのさいわい〉は決して単なる幻でもなければ、意義なきものでもない。前章で言及したティク・ナット・ハンによる譬えを借りて言えば、それは北極星のようなものである。すなわち、私たちは北極星に到達することはできないが、北極星は、その瞬きによって、私たちの進むべき方向を示してくれている。〈ほんとうのさいわい〉は、己を隠しつつも、北極星のように、絶えず新たに私たちを実践の歩みへと送り出すだろう。

ところで、こうした〈ほんとうのさいわい〉の追求は、必ずしも「幸福」の追求を否定するような精神論的なものではない。現に賢治の倫理的実践の多くは、主に花巻の農民たちの「幸福」――特に経済的利益――を増大することに、ひとまずは向けられていたことを忘れてはならない。しかし一方、賢治は、私たち現代人のように、それら「幸福」の無際限な増大をよしとし、「幸福」の獲得それ自体を究極的な目的とすることはなかったこともまた明らかである。例えば、農学校における教育や羅須地人協会における活動は、単に農業に関する指導にとどまらず、必ず芸術活動を伴っていた。それは単に農作業の余暇に行なわれる趣味や気分転換ではない。賢治にとって芸術は、〈ほんとうのさいわい〉を垣間見せてくれるものであり、その〈ほんとうのさいわい〉こそは「幸福」の無際限の追求と目的化に陥らないように導いてくれるものであった――あたかも北極星のように。童話集『注文の多い料理店』の序は、こう始まる。

> わたしたちは、氷砂糖をほしいくらゐもたないでも、きれいにすきとほった風をたべ、桃いろのうつくしい朝の日光をのむことができます。／またわたくしは、はたけや森の中で、ひどいぼろぼろのきものが、いちばんすばらしいびらうどや羅紗や、宝石いりのきものに、かはってゐるのをたびたび見ました。／わたくしは、さういふきれいなたべものやきものをすきです。（一二巻、七頁）

2　義務論と賢治

――〈かなしみ〉という感情をめぐって

続いて、賢治の倫理思想と義務論、特にカント的義務論との比較を試みたい。

賢治といえば、生涯独身を通したことや（一時期ではあるが）菜食主義者であったこと等に見られるように、そのストイックさが際立っている人物である。また何より、彼は、何かに突き動かされるように倫理的に生きようとした人物である（特に後半生において、その傾向は顕著である）。こうした禁欲主義的傾向や自愛の否定、衝迫的な使命感等という点においては、賢治の倫理は、功利主義以上にカント的義務論のほうに親和的であるように思う。

それでは、賢治の倫理思想と義務論の相違点はどこにあるのだろうか。最も顕著だと思われる相違点は、賢治の倫理が明らかに「情的なもの」に基づいているという点である。このことは、まずは何より、賢治文学の根底にある自然との交歓をめぐる前節の論述から明らかであろう。

加えて、ここで注目したいのは、賢治の倫理においては、交歓だけでなく、〈かなしみ〉の情もまた、歓びと切り離しがたいものとして、大きな役割を果たしているということだ[8]（〈かなしみ〉という、通常ならばマイナスのもの、不幸なものとして数え入れられる感情が重視されるという点は、功利主義と賢治の倫理との重要な相違点でもある）。よく指摘されるように賢治の文学世界の基調色は「青」であるが、その理由の一つは、賢治の情緒の基底には、いつも〈かなしみ〉が横たわっているためであろう。そして、賢治の実人生において、最も深い〈かなしみ〉をもたらした出来事は、妹・とし子の死であったが、その深い〈かなしみ〉は、賢治を倫理的な生き方のほうへとより強く押し出すきっかけともなった。

とし子の死の翌年の樺太旅行と一連の挽歌の創作は、死んだとし子の「行方」を捜す旅でもあったが、詩集『春と修羅』における挽歌群の最後に収録されている「噴火湾（ノクターン）」では、こう歌われている。

ああ何べん理智が教へても／私のさびしさはなほらない

わたくしの感じないちがつた空間に／いままでここにあつた現象がうつる
それはあんまりさびしいことだ／（そのさびしいものを死といふのだ）
たとへそのちがつたきらびやかな空間で／とし子がしづかにわらはうと
わたくしのかなしみにいぢけた感情は
どうしてもどこかにかくされたとし子をおもふ。（二巻、一八五－一八六頁）

愛する者の喪失と断絶、それが〈さびしさ〉や〈かなしみ〉の情を喚起し、「わたくしの感じないちがつた空間」を示し出す。「銀河鉄道の夜」も、とし子の「行方」を捜す旅から生み出された作品群の一つだが、前節で言及した「石炭袋」「そらの穴」は、死という非知なるものの象徴でもある。それは、「いくら眼をこすってのぞいてもなんにも見えずただ眼がしんしんと痛む」ような無底であり、深淵であった。

ところが賢治は、こうした「かなしい」事態に対して、「噴火湾（ノクターン）」の約一年後（一九二四年七月十七日）に創作された「薤露青《かいろせい》」という詩――これは「銀河鉄道の夜」の前提稿とも言われているものであるが――の中で、以下のような矛盾めいた不思議な言葉を遺している。

あゝ　いとしくおもふものが／そのまゝどこへ行ってしまったかわからないことが／なんといふいゝことだらう（三巻、一〇七頁）

ここでは、深淵を覗き込んだことによる不思議な転回が起こっている。否定から肯定への転回である。この不思議な転回を理解するための手がかりを与えてくれるのが、「薤露青」の下書稿に残された以下の記述である。

> いとしくおもふものが／そのまゝどこへ行ってしまったかわからないことから／ほんたうのさいはひはひとびとにくる（三巻「校異篇」、二四六頁）

この下書稿では、〈かなしみ〉が、**1**でも問題にしてきた〈ほんとうのさいわい〉に結びつけられている。〈ほんとうのさいわい〉は、自然との交歓をその核の一つとして持っていた。それは、賢治も深く影響を受けていた大乗仏教哲学の用語によって表現するならば、相互依存の縁起ということ、すなわちこの宇宙のあらゆる物事は、互いに依りあって連なりつつ生起しているという真理を前提としている。[9] 深淵から襲いかかった〈かなしみ〉が、むしろ、自我の知によっては見渡せない時空の連なりを垣間見せ、むしろある種の普遍のほうへと押し出している。この普遍を生きることは、とし子を実体として、個体として執着・愛着することから離れていくことであるが、同時に、〈この宇宙に遍在するとし子〉と出会い直していくことでもある。

こうして賢治は、とし子の死をきっかけに、より強く〈ほんとうのさいわい〉を求めて、その倫理的実践を加速していくことになる。**1**でもすでに示唆されていたように、〈ほんとうのさいわい〉は、「みんなの」さいわいでもなければならない。虔十が贈与した「子どもたちの遊び場」を、賢治もまたもたらそうとしたのである。

以上のような賢治の倫理思想は、知の限界からむしろ倫理が導き出されているという点に限っては、物自体の不可知性から「普遍的法則」や「命令」として倫理の領域を確保するカント倫理学と類似している。しかし、賢治において倫理とは、普遍的法則への合致ではない。ヘブライズム的伝統とも無関係ではないであろう「法の無条件の順守」ではなく、賢治において倫理とは、仏教的意味における〈法〉――それはサンスクリット語では「ダルマ」という多義語であり、「存在」や「真理」をも意味するが――この宇宙の存在者の連なりの内へとわが身を放っていくことであった。

また、賢治において、倫理は単に個人的感情を捨てたところに実現するものではないし、もっぱら道徳法則への「尊敬」という感情のみが重視されるのでもない。むしろ〈かなしみ〉という情こそが、万物との連なりの世界を示し、実践へと押し出してくれるものでもある。宇宙の万物との交歓は、確かに歓びではあるが、その底には、「青い」かなしみが切り離されることなく、いつも揺れ動きながら寄り添っている。

3　徳倫理学と賢治
——〈デクノボー〉の倫理

3−1　宇宙の微塵となる

本節では、徳倫理学と共同体主義、ケアの倫理を、「徳倫理学的立場」として、まとめて扱うことにする。なぜなら、これらの立場は、功利主義と義務論という近代的な倫理思想へのアンチテーゼとして登場したものであり、感情や身近な人間関係の重視という点で類似しているからである。

これらの立場は、賢治の倫理と親和性が高いように思える。すなわち、徳倫理学的立場は、感情を重視するという点においては、賢治の倫理と親和的である。また、共同体主義的な志向は、故郷である岩手・花巻を愛し、地元の農民たちに尽くした賢治の倫理的生と重なるようにも思える。また、ケアの関係を倫理の根本に置くケアの倫理も、慈愛に満ちた賢治の人物像に親和的であるように思える。

一方、両者の立場の重要な相違点は、徳倫理学的立場が、身内重視、内輪重視の閉鎖的性格を持ってしまいやすいのに対して、賢治の倫理は、すでに本稿で示唆されてきたように、ある種の普遍へと自らを開いていく志向が明らかに強いという点である。賢治の倫理は、功利主義や義務論とは違った仕方で、徳倫理学的立場に潜在する閉鎖的性格からの脱却の手がかりを与えてくれているように思う。

1で確認したように、賢治にとって倫理的生とは「銀河系を自らの中に意識してこれに応じて行くこと」であった。それは共同体を超えて、宇宙全体にまで広がっていくようなスケールを持ったものであった。では何故、賢治は故郷を愛し、そこに留まり続けたのか？ それは、賢治にとって岩手は、日本という平面上の隅にある「地方」ではなく、あらゆる存在者が互いに依りあって連なりつつ生起している場、すなわち全宇宙が映現する〈イーハトーヴ〉であったからである。この世界の片隅、すなわち自らが現に生きて在る〈この場この時〉という局所にこそ、むしろ普遍は宿る。だだっ広い「平面」だけを全世界と思い込んでいる人間の表象的まなざしには隠れているだけである。水平方向への移動、例えば東京やパリやニューヨークへの移動が「本当の人生」をもたらすわけではない。〈この場この時〉に映現する、より広大な世界へと解放されるためには、むしろ「垂直」方向に旅立たなくてはならない（「銀河鉄道の夜」は、水平方向にではなく、宇宙、すなわち垂直方向へ往く物語である。さらに、そのこと以上に重要なのは、最後は地上、すなわち元にいた土地に還帰する物語であることである）。

賢治の作品を読んでみれば容易に気づくように、そこで描かれる人間関係は、前近代的な共同体特有のベトベトとした一体感を欠いており、「孤独感」のほうがむしろ際立っている。虔十やジョバンニ、よだかをはじめとする賢治童話の主人公の多くは、「共同体」から孤立しているし、賢治自身の人生にも常に孤独の影が差していた。垂直方向へは、「共同体」のもたらす一体感のまどろみから覚め、ひとり行くことが求められるからである。

賢治思想における共同性は、個を否定・吸収することではない。彼における共同性のイメージを端的に表わしていると思われるのが、「農民芸術概論綱要」における以下の言葉である。

まづもろともにかがやく宇宙の微塵となりて無方の空にちらばらう
しかもわれらは各々感じ　各別各異に生きてゐる（一三巻、一三頁）

この場合、個は個であるが、単なる実体的な個、近代的な個人ではなく、あくまで「宇宙の微塵」、すなわち宇宙のあらゆる存在者と連なって在るような個である。むしろ、そこにおいて各々の個は初めて個として「かがやく」。

「世界がぜんたい幸福にならないうちは個人の幸福はあり得ない」という同じ「農民芸術概論綱要」からの言葉は、賢治の倫理を象徴するものとして好んで引かれるが、全体主義的に解釈されてしまいやすいし、何より賢治自身が「自己犠牲」という極端な形の倫理へと傾斜してしまいがちな人物であった。しかし、その思想それ自体は「世界の幸福もまた、個人の幸福がなければありえない」ことと必ずしも矛盾しないはずである。世界と個人はあくまでも不即不離であり、相互依存しているものであって、実体として存在しているわけではない。一方の存在は他方の存在に還元されえない。「個」は決して等閑にされてよいものではないのである（以上のことは、徳倫理学的立場のみならず、功利主義への批判としても適用される）。詩集『春と修羅』の序でも言われているように、〈わたくし〉は確かに「現象」であって実体ではないが、「いかにもたしかにともりつづける」（二巻、一一頁）のだ。しかも「風景やみんなといつしよに」（同前）、である。

さて、以上のような宇宙感覚とそれに伴う孤独感こそが、徳倫理学やケアの倫理における「情」の在り方との決定的な差異をもたらしているように思われる。例えば、ケアの倫理も感情を重視するが、それが依拠する感情は、親子関係に見られるような情愛である。一方、賢治においては、妹・とし子への過剰な愛情や父・政次郎との愛憎半ばした依存関係にも見られるように、そうした家族愛こそ、自らを小さな世界に閉じ込めてしまうカプセルでもあり、彼に生涯独身であることを選ばせた要因の一つでもあったように思われる。

賢治作品の描き出す世界は、そのパブリックイメージに反して、ある意味では非-人情の世界でもある。なぜなら、その世界は、人間のみが存在する世界ではなく、動物や植物、鉱物など様々な存在者に溢れた宇宙であるからである。それは、生き物のみが存在する、「熱」を持った世界ではない。人間中心主義どころか生物中心主義をも離脱した世界である。このことも、賢治の作品世界の基調色が「青」でなければならなかった要因の一つであろう。

家族や同朋にのみ向けられがちな愛情が、青い宇宙を通過して透き通っていき、かなしみを伴いつつ、この世界の存在そのものへの慈しみとして広がっていく。賢治の倫理における情は、そんな在り方をしている。

3-2 愚者のエチカ

もう一つ、徳倫理学的立場と賢治の倫理とのあいだの相違点を挙げておくならば、前者が理想とする者、規範となる者は、「有徳な人間」「立派な人間」であるのに対して、賢治の倫理は、「雨ニモマケズ」における「デクノボー」という言葉に象徴されるように、少なくとも世間的には「愚者」「役立たず」であることを、むしろよしとした。

「デクノボー」は、通常の社会——殊に、経済至上主義的・生産至上主義的な現代社会——における「価値」のまなざしから見れば、むしろ役に立たない者、目立たない者、忘却された者、片隅にいる者である。しかし、だからこそ、虔十がそうであったように、私たちが忘却しがちな大切なことを思い起こさせ、世間的な「価値」の序列の〈外部〉を垣間見せ、この世界の一隅を静かに照らす者でもある。

この章の冒頭でも述べたように、「雨ニモマケズ」は、戦中戦後に国策協力に利用されてしまったという不幸な歴史を持つ詩である。この作品のみ単独で読めば、単なる修身的な古臭い倫理を説くものと受け取られてしまっても仕方のない面もある。しかし、賢治の他の作品群やその生涯も鑑みれば、「デクノボー」というささやかな存在者にこそ、むしろ賢治の作品群が鮮烈に示しだそうとした宇宙・自然が宿り、万物が映し出されていることがわかる。「デクノボー」としての生き方こそ、かつて「農民芸術概論綱要」で説かれた「銀河系を自らの中に意識してこれに応じて行くこと」の具体的実践であり、その「デクノボー」としての生き方に、「宇宙の微塵」としての倫理が集約されているのである。

（1）例えば、日本倫理学会の学会誌『倫理学年報』には、一九五二年発刊の第一集から二〇二〇年発刊の第六九集に至るまで、賢治関連の論文は一編も掲載されていない。ただし、賢治の「多面性」と「実践性」を反映してか、必ずしも倫理学の専門家ではない多分野の筆者による論考を含む、特に応用倫理学的観点からの論考は、いくつか見受けられる（例えば、笠井哲「宮沢賢治『グスコーブドリの伝記』における「技術者倫理」」『福島工業高等専門学校研究紀要』第五三号、二〇一二年、岩井洋「宮澤賢治の環境倫理」『酪農学園大学紀要　人文・社会科学編』第三二巻第二号、二〇〇八年など）。

（2）国柱会と賢治との関係については、上田哲『宮沢賢治――その理想世界への道程』明治書院、一九九四年参照。

（3）小倉豊文『宮沢賢治「雨ニモマケズ手帳」研究』筑摩書房、一九九六年、一三九－一四一頁参照。

（4）賢治作品において、「ほんとうのさいわい」の表記の仕方は、「本統のさいはひ」「ほんたうの幸」など様々であるが、本稿では、引用箇所以外、基本的に〈ほんとうのさいわい〉で統一する。

（5）以下、賢治の著作からの引用は『新校本宮澤賢治全集』（筑摩書房、全十六巻、一九九五－二〇〇九年）により、巻数と頁数を本文中に記す。ただし、引用の際、同全集の編集委員による校訂箇所を示す［　］は、削除している。また、同全集の各巻は「本文篇」と「校異篇」から成るが、「校異篇」からの引用の場合は、巻数の後に「校異篇」と明記する。

（6）J・S・ミル「自然論」『宗教をめぐる三つのエッセイ』（大久保正健訳）勁草書房、二〇一一年参照。

（7） 佐藤成『証言 宮澤賢治先生――イーハトーブ農学校の1580日』農文協、一九九二年、一一五、二四五頁参照。

（8）「かなしみ」に着目して賢治の倫理思想を考察している業績として、竹内整一『「かなしみ」の哲学』NHK出版、二〇〇九年、一三九－一四六頁が挙げられる。

（9） 賢治の宇宙観に影響を与えていると考えられる仏教思想として、松岡幹夫は、天台教学の「一念三千」論を挙げている（『宮沢賢治と法華経』昌平黌出版会、二〇一五年、二〇六－二一一頁参照）。また、正木晃は、『華厳経』の「一即一切」「事事無碍」等の思想の影響の可能性を指摘している（「華厳経／盧舎那仏」『宮澤賢治イーハトヴ学事典』弘文堂、二〇一〇年、一五七－一五八頁参照）。本稿が多くを負っている、見田宗介による魅力的な賢治論『宮沢賢治――存在の祭りの中へ』（『定本 見田宗介著作集』第九巻）岩波書店、二〇一二年は、華厳思想的な存在論を重視した賢治解釈であるように思われる。

あとがき

本書は、この二十年ほどの間に執筆した、応用倫理学関連の論考を改稿して編まれたものである。以下に、初出を挙げておきたい。

第1章「死の受容のかたち——がん告知の問題から」『医学哲学　医学倫理』（日本医学哲学・倫理学会）第一八号、二〇〇〇年

第2章「スピリチュアル・ペインは癒されうるか——死生観の転回構造」『医学哲学　医学倫理』（日本医学哲学・倫理学会）第二三号、二〇〇五年

第3章「生の否定に抗して——人工妊娠中絶批判のための一試論」『医学哲学　医学倫理』（日本医学哲学・倫理学会）第二六号、二〇〇八年

第4章「ニーチェにおける優生思想と〈生の肯定〉の思想」『ぷらくしす』（西日本応用倫理学研究会）第二二号、二〇二一年

第5章「望まない妊娠・中絶をめぐる〈生の倫理〉」『倫理学研究』（広島大学倫理学研究会）第二一号、二〇一三年

第6章～第8章　以下の三編を再構成し、データを更新しつつ改稿した。

「青少年における人間関係――他なるものとの和解、そして自己との和解」『ぷらくしす』第一五号、二〇一四年
「ネット依存が道徳性の発育に及ぼす影響――〈他なるもの〉との関係、および〈自己〉との関係の喪失」『北海道情報大学紀要』第二七巻第一号、二〇一五年
「人間関係と倫理」『教育と倫理』〈シリーズ「人間論の21世紀的課題」6〉ナカニシヤ出版、二〇〇八年

第9章　「不和の増幅装置としてのインターネット――ハイデガーの技術論を手掛かりに」『Habitus』（広島大学倫理学研究室）第二三号、二〇一九年

第10章　「東洋哲学における〈自己への配慮〉と〈平和〉――ガンディーとティク・ナット・ハンの実践と思想から」『ぷらくしす』（西日本応用倫理学研究会）第一七号、二〇一六年

第11章　「倫理学における宮沢賢治――その実践と思想の現代的意義」『ぷらくしす』（西日本応用倫理学研究会）第二一号、二〇二〇年

筆者の所属する「行為論研究会」のメンバーの方々（村若修先生、後藤弘志先生、池辺寧先生、坪井雅史先生、上村崇先生、上野哲先生）には、本書の一部に目を通していただき、貴重な御助言をいただいた。感謝申し上げたい。

また、本書で扱ったような諸問題に関して共に思索してくれたゼミの学生たち、卒業生たちにも感謝したい。

前巻に続き、本書の編集も、ナカニシヤ出版の石崎雄高さんにお世話になった。編集や装丁に関するこちらのわがままを寛大に受け入れてくださった石崎さんにも感謝を申し上げたい。

私はもうすぐ五十歳になるが、振り返ってみると、何者にもなれなかった人生だったような気がする。しかし、深いところで、そうなることを望んでいたような気もする。
そんな何者でもない私から、見知らぬあなたに、大切な手紙の入った小瓶を大海へと流すような気持ちで、本書を送り出したい。

二〇二一年九月

後藤雄太

ラ　行

ナ　行

ハ　行

マ　行

ヤ　行

サ　行

タ　行

マ　行

ヤ　行

ラ・ワ　行

事項索引

ア　行

カ　行

人名索引

■著者略歴

後藤雄太（ごとう・ゆうた）

1972年　岐阜県生まれ。
1995年　広島大学文学部哲学科インド哲学専攻卒業。
1999年　広島大学大学院文学研究科博士課程後期倫理学専攻修了。博士（文学）（広島大学）。
現　在　広島大学准教授。哲学・倫理学専攻。
著　作　『存在肯定の倫理Ｉ　ニヒリズムからの問い』（ナカニシヤ出版，2017年），『人間論の21世紀的課題6　教育と倫理』〔共著〕（ナカニシヤ出版，2008年），『情報倫理学入門』〔共著〕（ナカニシヤ出版，2004年），「ニーチェにおける優生思想と〈生の肯定〉の思想」（『ぷらくしす』第22号，2021年），「生の否定に抗して――人工妊娠中絶批判のための一試論」（『医学哲学 医学倫理』第26号，2008年）他。

存在肯定の倫理Ⅱ　生ける現実への還帰

2021年11月30日　　初版第1刷発行

著　者　　後　藤　雄　太
発行者　　中　西　　　良

発行所　株式会社　ナカニシヤ出版
〒606-8161　京都府左京区一乗寺木ノ本町15
TEL　(075)723-0111
FAX　(075)723-0095
http：//www.nakanishiya.co.jp/

印刷・製本／モリモト印刷

＊落丁本・乱丁本はお取り替え致します。

Printed in Japan.　ISBN978-4-7795-1597-2

存在肯定の倫理Ⅰ
ニヒリズムからの問い

後藤雄太 著

なぜ私たちはこんなにも、「生きることの意味」を求めるのか？　ニーチェやハイデガーを参照しつつ、現代社会に浸透したニヒリズムが持つ「真実」を受けとめ、新たな倫理への道を拓く。　二六〇〇円＋税

人間〈改良〉の倫理学
—合理性と遺伝的難問—

マッティ・ハユリュ 著、斎藤仲道・脇崇晴 監訳

あなたはヒトを〈改良〉しますか？　「最良の赤ちゃん」「救世主きょうだい」など、人間を〈改良〉する七つの方法をめぐる、哲学者の議論を整理し、読者自身による倫理的決断を導く。　二七〇〇円＋税

近代イギリス倫理思想史

柘植尚則 著

道徳・人間・社会という三つの大テーマを巡る議論の流れに、ホッブズやロックをはじめとする多士済々の思想家達を位置づけ、近代イギリス倫理思想の全貌を描き出す待望の概論書。　三八〇〇円＋税

バイオグラフィーの哲学
—「私」という制度、そして愛—

入谷秀一 著

人はいつ、自分について物語ることを始めるのか。古今のバイオグラフィーの構造の多角的な検証を通じて、「自分を愛し、語ることを強いられる現代」の一歩先に進む、「自分語り」の系譜学。　二四〇〇円＋税

＊表示は二〇二一年十一月現在の価格です。